소크라테스의 변명

원작 **플라톤**(기원전 427년 ~ 기원전 347년)

고대 그리스를 대표하는 철학자. 아테네의 귀족 가문에서 태어난 플라톤은 소크라테스의 제자이자 아리스토텔레스의 스승으로 널리 알려져 있습니다. 플라톤은 지식(앎)을 획득하는 과정에서 '이성' 또는 '정신'의 역할을 매우 중시한 철학 체계를 완성했습니다. 이러한 그의 관념론적 사고는 저 유명한 '이데아론'에 잘 나타나 있습니다. 그가 남긴 20여 편의 저서는 거의 대화체 형식을 띠고 있는 탓에 흔히 〈대화편〉으로 불립니다. 그 가운데 대표적인 저술로는 〈국가〉, 〈소크라테스의 변명〉, 〈향연〉, 〈파이돈〉, 〈소피스테스〉, 〈파이드로스〉, 〈법률〉 등을 꼽을 수 있습니다. 영국의 수학자이자 철학자인 화이트헤드는 서양 철학을 '플라톤에 대한 일련의 각주'로 이해했을 정도로 서양 철학사에서 플라톤의 사상이 차지하는 비중은 막대합니다.

번역·해설 **조병희**

성균관대학교를 졸업하고, 독일 쾰른대학교에서 철학박사 학위를 받았습니다. 현재 성균관대학교 학부대학과 사범대학에서 겸임교수로 재직하며, 문화와 철학 및 교육학을 강의하고 있습니다. 옮긴 책으로는 《칸트처럼 생각하기》, 《철학입문 - 나와 세계에 대한 놀라운 질문들》이 있으며, 논문으로는 〈쾌락주의를 위한 변명〉, 〈에피쿠로스학파의 방법론〉 등이 있습니다.

소크라테스의
변 명

원작 플라톤 번역·해설 조병희

현 북스

소크라테스의 두상.

소크라테스는 고대 그리스를 대표하는 사상가이자 서양 철학의
기초를 세운 인물이다. 아테네에서 석수장이인 아버지와 산파인
어머니의 아들로 태어난 그는 '만물의 근원은 무엇일까?'라는
물음에 관심을 기울였던 선배 사상가들과 달리, 바깥의 사물이나
자연 현상이 아닌 인간 내면에 눈을 돌려 평생 지식(앎)과 도덕의
문제에 몰두했다. 소크라테스는 무지를 자각하는 것이야말로 진정한
앎의 시작이라고 주장했다. 그는 스스로를 무지한 것처럼 가장한
채 꼬리에 꼬리를 무는 질문을 던져 상대방이 스스로의 사고력으로
참된 지식에 이르게 했는데, 이러한 대화법을 '산파술'이라 한다.

플라톤의 두상.

아테네의 귀족 출신인 플라톤은 소크라테스의 사상을
이어받아 서양의 관념론적 사고 체계를 완성한 철학자다.
스승 소크라테스의 사형에 충격을 받고 평생 철학에 전념하기로
결심한 플라톤은, 이른바 《대화편》이라 불리는 20여 편의
저술에서 인간의 영혼에서 우주의 원리에 이르기까지 방대한
내용을 다뤘다. 그 중에서도 특히 그가 제시한 '이데아설'은
중세 기독교 사상의 확립에 큰 영향을 미쳤을 뿐만 아니라,
서양 근대 합리론의 인식론적 기초를 제공했다.

일러두기

1. 이 책은 고전을 처음 읽는 독자를 위해 원문을 가려서
   뽑고, 쉬운 말로 번역하여 읽기 쉽게 하였다.

2. 《소크라테스의 변명》원문에는 명확한 구분이 없으나
   독자의 이해를 위해 원문을 크게 '세 개의 변론'으로 나
   누어 구성하였다.

3. 각 변론은 여러 개의 내용 단락으로 나누었다. 원문에
   는 단락 제목이 없으나 이해를 돕기 위해 편의상 새로
   지어 넣었다. 인물, 사건, 어려운 용어 등에 관한 짧은
   설명은 해당 페이지 아래에 넣었다.

4. 각 단락에서 '핵심 읽기'는 저자의 생각과 흐름을 알기
   쉽게 요약하고, '더 생각해 보기'는 저자의 사유를 나에
   게 적용해 보는 생각 훈련을 도와줄 것이다.

5. 이 책은 1993년 독일 펠릭스 마이너(Felix Meiner) 출판
   사에서 간행된 《플라톤 전집Platon Sämtliche Dialoge》제
   1권에 실려 있는 《변명Apologie》을 텍스트로 하였다.

차 례

기원전 8세기경 그리스 본토와 식민지(지금의 터키 지중해 연안, 이탈리아 남부와 시칠리아 섬)에는 '폴리스'라 불리는 촌락들이 형성되기 시작했다. 적게는 수백 명에서 많게는 수만 명이 부족 단위로 모여 살았던 폴리스는 기원전 4세기에 이르러는 그 수가 700여 개에 달했다.

이들 폴리스는 모두 제각기 독립적인 정치 공동체를 이루고 있었는데, 그 가운데서도 특히 소크라테스가 태어나고 생을 마쳤던 그리스 남부 아티카 반도의 아테네는 이웃한 펠로폰네소스 반도에 있는 스파르타와 함께 가장 크고 강력한 군사력을 갖춘 대표적인 폴리스였다.

고대 그리스의 역사에서 소크라테스가 활동했던 기원전 5세기는 아테네가 페르시아와 스파르타를 상대로 각각 두 차례의 전쟁을 치르면서 민주정의 흥망성쇠를 모두 경험했던 시기였다.

기원전 6세기 초까지만 해도 아테네는 여느 폴리스와 마찬가지로 왕이나 귀족들이 통치를 해 왔던 사회였다. 하지만 기원전 594년 고대 그리스의 7현인 중 한 명인 솔론이 폴리스의 최고 직위인 집정관에 취임해 부유한 평민들에게도 참정권을 부여하면서(금권정) 민주정을 향한 첫걸음을 내딛는다.

이후 기원전 508년 아테네의 명문 귀족 출신인 클레이스테네스는 모든 시민에게 참정권을 부여하고, '법률을 무시하고 정권을 장악하는 독재자(참주)'의 출현을 막기 위해 도편추방제를 도입하는 등 획기적인 정치 개혁을 단행하여 고대 그리스 민주정의 확고한 기틀을 마련했다.

이러한 민주정의 발전에 힘입어 기원전 462년 민주파의 지도자가 된 페리클레스는 청중을 휘어잡는 뛰어난 연설 능력을 무기로 귀족들의 권한을 크게 축소하고, 모든 시민(외국인, 여성, 노예는 제외)이 참여하는 민회(民會)에 국가의 중요한 정책을 결정하도록 하는 법안을 제안하여 통과시켰다. 이로써 마침내 아테네는 민주정치의 황금기(기원전 446~431년)를 맞았다.

그리스의 패권을 놓고 아테네와 스파르타가 각자의 동맹국(폴리스)을 이끌고 벌인 펠로폰네소스 전쟁이 끝난 지 5년이 되던 해인 기원전 399년, 501명의 배심원으로 구성된 아테네 시민재판소는 다수결(찬성 281명, 반대 220명)로 소크라테스에게 유죄를 선고하고, 이어 치러진 형량을 결정하는 투표에서 압도적인 표차(찬성 361명, 반대 140명)로 사형 판결을 내렸다.

스파르타와 전쟁에서 크게 패배한 아테네는 곧바로 30인의 참주 정부 치하에서 무려 1,500여 명의 정치적 반대자들이 죽임을 당하는 끔찍한 공포정치를 경험하게 된다. 친스파르타 인물들로 짜인 이 꼭두각시 독재 정부는 반년도 채 안 돼 민주파 지도자들에 의해 전복되고 말았지만, 그 후 아테네의 민주정은 급속도로 타락한 모습을 띠기 시작했다.

페리클레스 시대에 전성기를 맞았던 아테네의 민주정은 이제 몇몇 말주변 좋은 사람들의 그럴싸한 말에 현혹된 다수의 어리석은 민중이 국정을 좌지우지하는 중우정치의 길로 빠져들었다.

이 같은 어수선한 사회 분위기 속에서 주변국에 대한 침략 전쟁에만 골몰했던 아테네의 선동정치가들은 다수결이라는 민주정치의 원칙을 악용해 자신들의 권력욕을

채우고 전쟁 패배의 책임을 전가하기 위한 희생양 찾기
에 급급했는데, 이때 마침 평소 이해할 수 없는 생각이
나 기이한 행동으로 뭇사람의 눈 밖에 났던 소크라테스
가 그들이 쳐 놓은 덫에 걸려들고 만 것이다.

　30인의 참주 정부를 전복시켰던 민주정 지도자 아뉘
토스의 사주를 받아 소크라테스를 고발한 무명의 젊은
시인 멜레토스의 고소장 내용을 보면, 소크라테스의 죄
목은 크게 두 가지다. 하나는 국가가 인정하는 신들을
믿지 않는다는 것이요, 또 하나는 젊은이들을 타락시켰
다는 것이다.

고소인들의 눈에 비친 소크라테스는 호메로스의 《일리
아스》나 《오디세이아》에 등장하는 올림포스의 신들과
같이 모든 그리스인이 추앙하는 신이 아닌, '다이몬'이
라고 하는 전혀 '새로운 신'을 섬기는 불경한 인물이었

다. 그런가 하면 생업에는 도통 관심이 없고 허구한 날 사람들을 모아 놓고 '쓸데없는 얘기'를 늘어놓으며 젊은 이들에게 잔뜩 헛생각만 불어넣는, 한마디로 공동체에 해악을 끼치는 독소 같은 존재였던 것이다.

소크라테스는 자신에게 덧씌워진 이 두 가지 죄목에 대해 3명의 고소인을 대표한 멜레토스와 시민들 가운데서 추첨으로 선발된 501명의 배심원을 상대로 조목조목 반론을 제기하며 무죄를 주장했는데, 그의 충실한 제자였던 플라톤은 《소크라테스의 변명》에서 스승의 이 재판 과정을 상세하게 묘사하고 있다.

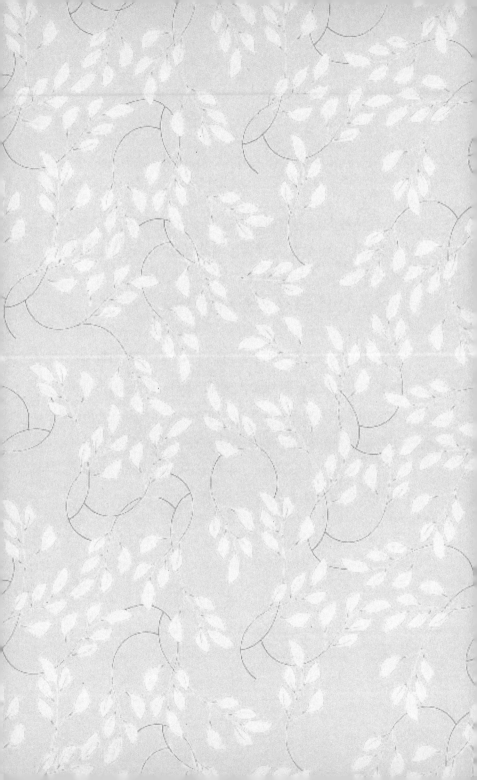

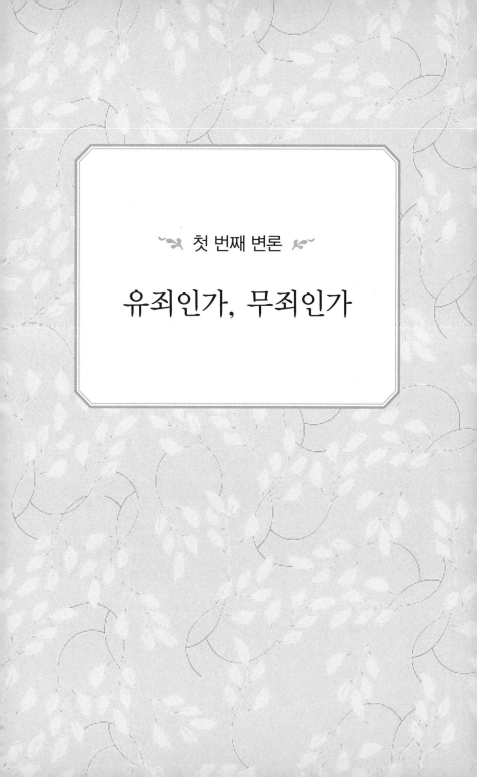

첫 번째 변론

유죄인가, 무죄인가

제 생각을 꾸밈없이
말하겠습니다.

아테네 시민 여러분, 저는 여러분이 저를 고소한 사람들에게서 어떤 인상을 받으셨는지 모르겠습니다.[*] 그들의 연설 솜씨는 하도 훌륭해 하마터면 저조차도 넋을 놓아 버릴 정도였습니다.

하지만 그들이 한 말에서는 거의 진실을 찾아볼 수 없었습니다. 그들이 늘어놓은 수많은 거짓말 가운데서도 한 가지 특히 어처구니없는 것은, 제가 무슨 능수능란한 연설가라도 되는 양 여러분에게 제 말에 속아 넘어가선 안 된다고 경고하는 말이었습니다.

---

[*] 소크라테스의 고소인은 멜레토스와 아뉘토스 그리고 뤼콘 세 사람이다.

제가 결코 뛰어난 연설가가 아니라는 것이 사실로 밝혀진다면 자신들의 거짓말이 금세 들통이 날 게 뻔한데도 그들은 거리낌 없이 그런 말을 늘어놓았습니다. 이야말로 뻔뻔함의 극치가 아니고 무엇이겠습니까? 하기야 그들이 진실을 말하는 사람을 훌륭한 연설가라고 부른다면, 그들괴는 다른 부류이긴 하지만, 저 역시 연설가라는 것을 인정하겠습니다.

아무튼, 그 사람들은 참된 말이라곤 거의 하지 않았습니다. 하지만, 이제 여러분은 제게서 모든 진실을 듣게 될 것입니다.

아테네 시민 여러분, 제우스께 맹세컨대 여러분이 제게 들으실 말은, 고소인들이 했던 것처럼 온갖 미사여구로 멋들어지게 꾸며진 웅변이 아니라, 그때그때 머릿속에서 떠오르는 생각을 꾸밈없이 있는 그대로 솔직하게 털어놓는 얘기가 될 것입니다. 저는 제 말이 옳다고 굳게 믿고 있기 때문이지요.

그러니 여러분 가운데 그 누구도 제게 진심 어린 말 외에 다른 것을 기대하지 마시기 바랍니다. 사실 제가 이 나이에 여러분 앞에서 젊은이들처럼 억지스럽고 화려한 언사로 얘기하려 든다면, 그것이야말로 어울리지 않는 행동일 테니까요.

아테네 시민 여러분, 여러분께 한 가지 간곡히 부탁할 게 있습니다. 여러분 가운데 많은 분들이 시장에 있는 환전상 탁자* 앞에서나 그 밖의 이런저런 곳에서 제 얘기를 들으셨을 것입니다. 그때처럼 제가 평소에 쓰던 말투로 저 자신을 변호한다 하더라도 놀라거나 소란을 피우지는 말아 달라는 것입니다. 왜냐하면 이런 사정이 있기 때문입니다.

---

* 당시 아테네 시장에 있는 환전 가게는 많은 시민들이 모여 다양한 일에 관해 얘기를 주고받던 장소였다.

제 나이가 일흔이나 되었지만 법정에 서 보기는 오늘이 처음입니다. 그래서 여기에서 통용되는 말투가 제겐 무척 낯설기만 합니다. 그러니 저를 외국인이라 생각하시고, 제가 자라면서 사용해 왔던 말과 말투로 얘기하더라도 여러분은 그런 사정을 이해하고 너그러이 봐주시기 바랍니다. 제가 지금 이런 부탁을 드리는 것이 그리 부당한 일은 아닐 테지요.

이런 이유에서 저의 말투가 여러분의 마음에 드는지 안 들는지는 모르겠습니다만, 그것은 신경 쓰지 마시고 단지 제 말이 옳은지 그른지에만 주의를 기울여주시기 바랍니다. 왜냐하면 진실을 말하는 것이 변론하는 사람의 의무이듯이, 변론을 귀기울여 듣는 것이야말로 재판하는 사람의 훌륭한 태도이기 때문입니다.

- 고대 그리스 법정에는 시민 가운데 추첨으로 뽑은 수백 명의 배심원(혹은 재판관)들만 있고, 오늘날 법정에서 볼 수 있는 판사는 물론 검사나 변호사도 없었다. 고소인과 고소를 당한 사람은 모두 수백 명의 배심원들 앞에서 자신의 주장을 펴거나 변호를 해야 했다.

- 그래서 당시에는 변론술이나 웅변술 그리고 대중을 상대로 한 연설 능력은 시민이 갖춰야 할 최고의 덕목으로 꼽혔다.

- 재판 결과는 배심원들의 투표로 다수결 원칙에 의해 결정됐다.

- 소크라테스는 화려한 연설이 아니라 진실을 말하는 것이 변론하는 사람의 의무이고, 재판하는 사람은 누가 옳은지 그른지에만 주의를 기울여야 한다고 주장했다.

- 소크라테스는 진실을 외면한 채 온갖 미사여구로 꾸민 고소인의 연설과, 화려하지 않고 평이하지만 진실이 깃든 자신의 진술을 대비시켰다. 그리고 재판관은 진실에만 주의를 기울여야 한다고 했다.

- 사람들은 진실에 접근하려는 노력 없이 미사여구로 꾸민 말에 현혹되어 그릇된 판단을 하는 경우가 많다. 진실한 말보다 화려하고 달콤한 말을 듣기를 좋아하기 때문이다. 하지만 제 아무리 훌륭한 말이라고 해도 진실이 담겨 있지 않다면 한낱 공허한 말장난에 지나지 않는다.

저의 죄목이 무엇인지

살펴보기로 합시다.

그럼 저에 대한 고소 사건의 시작으로 눈을 돌려, 제기 비방을 받게 된 이유가 무엇인지, 그리고 그런 비방을 믿고서 멜레토스*가 저를 고소할 용기를 갖게 된 저의 죄목이 무엇인지 살펴보기로 합시다.

좋습니다. 저를 비방하는 사람들이 했던 말이 무엇입니까? 이제 그들을 정식 고소인이라 생각하고 그들의 고소장을 읽어 보겠습니다.

"소크라테스는 땅속과 하늘에서 일어나는 일들을 연구하며, 보잘것없는 주장을 대단한 주장으로 탈바꿈

---

*소크라테스의 고소인 중의 한 명인 멜레토스는 시인으로 알려져 있으나 그의 작품 활동에 관한 기록은 없다.

시키고, 또 이것을 다른 사람들에게 가르치고 있는데, 이는 법을 어기는 짓이며 남에게 폐를 끼치는 일이다."

대충 이런 내용입니다. 여러분은 이런 내용을 아리스토파네스의 희극*에서 보셨을 겁니다. 거기에 보면 소크라테스라는 사람이 나와 공중에 높이 뜬 채 여기저기 돌아다니면서 온갖 허풍을 떨고 말도 안 되는 얘기를 늘어놓습니다. 그런데 저는 그 사람이 하는 말이 도대체 무슨 소리인지 전혀 이해하지 못했습니다.

제가 이런 말을 하는 것은 그런 지식을 가진 사람들을 무시해서가 아닙니다. 분명히 그런 것에 관한 지식을 갖고 있는 사람들이 있을 것입니다. 아무튼 저는 멜레토스의 고소로 처하게 된 이런 위험한 상

---

*고대 그리스의 대표적인 희극작가 아리스토파네스의 〈구름〉은 기원전 423년에 열린 희극 경연에서 3위에 입상했던 작품이다.

황에서 벗어나고 싶은 마음뿐입니다.

아테네 시민 여러분, 말씀드렸다시피 저는 이번 일을 전혀 이해할 수 없습니다. 그래서 저는 여기 와 계신 여러분 가운데 많은 사람을 저의 증인으로 내세우고자 합니다. 그러니 제 얘기를 들었던 모든 분들께서는 자신이 들었던 것을 허심탄회하게 말씀해 주시기 바랍니다.

여러분 가운데 한 사람이라도 제가 그런 문제에 관해 얘기하는 것을 들었던 분이 있다면 말씀해 주십시오. 그렇게 해 주신다면 여러분들은 저에 대해 얘기하는 많은 것들이 대부분이 꾸며 낸 얘기라는 사실을 알게 될 것입니다.

아리스토파네스의 희극 〈구름〉.

아리스토파네스(기원전 450년쯤~388년쯤)는 고대 그리스의
대표적인 희극 작가로 주로 아테네 사람들의 생활상과 전쟁을
풍자하고 비판하는 희곡을 많이 썼다. 기원전 423년 발표한
〈구름〉은 당시 소피스트들의 교육을 신랄하게 비판한 희극인데,
소크라테스를 소피스트와 같은 부류로 싸잡아 조롱하고 있다.

핵심 읽기 :

• 소크라테스는 멜레토스의 고소장에 나와 있는 내용
이 아리스토파네스의 희극에서처럼 대부분 꾸며 낸
내용이라고 주장했다.

• 아리스토파네스의 〈구름〉은 당시 활동했던 소피스
트들의 논증(혹은 변론) 교육이 끼치는 심각한 사회
적 폐해를 고발하는 희극이나. 아리스토파네스는
〈구름〉에서, 훌륭한 철학자로 명성이 자자했던 소
크라테스를 황당한 생각을 품고 있는 공상가이자
무신론자로 묘사하여 여느 소피스트들과 별반 다를
게 없는 모습으로 조롱했다.

• 아리스토파네스가 소크라테스를 '땅속과 하늘에서
일어나는 일들을 연구'하는 철학자로 묘사한 것은
잘못된 시각이다.

• 만물의 근원은 물이라 하여 오늘날 서양 철학의 아
버지라고 불리는 탈레스, 물·불·흙·공기 등 네
가지 원소를 세상의 뿌리로 보았던 엠페도클레스

등과 같이 선배 철학자들이 한결같이 관심을 가졌던 문제는 만물의 근원과 여러 가지 자연 현상들의 원인에 관한 것이었다.

• 소크라테스는 자연이 아닌 인간에 눈을 돌려, 참다운 지식은 무엇이며 올바른 삶이란 무엇인지를 밝히는 것을 철학자가 해야 할 일로 여겼다. 자연 현상이 아니라 인간 삶의 문제에 관심을 기울였다.

- 연극이 범국가적 행사의 성격을 띠었던 당시, 〈구름〉에서 묘사된 소크라테스의 부정적 모습은 아테네 시민들이 소크라테스에게 반감을 품는 데 적잖은 영향을 미쳤을 것이다.

- 마찬가지로 오늘날 언론이나 인터넷 등이 사람이나 사건들에 대해 부정적으로 묘사하면 여론에 좋지 않은 영향을 미친다. 따라서 언론이나 인터넷 등에 글을 쓰는 사람은 잘못된 글을 써서 억울하게 피해를 입는 사람이 생기지 않게 해야 할 책임이 있다.

델포이의 신을
증인으로 내세우려 합니다.

여러분 가운데 어떤 분은 혹시 제게 이런 질문을
할지도 모르겠습니다.

"그렇지만 소크라테스, 당신이 하는 일은 대체 뭡
니까? 당신을 비방하는 이 모든 얘기가 왜 나왔다고
생각하세요? 당신의 언행이 다른 사람들과 뭔가 다
르기 때문에 그런 게 아니겠습니까? 그러지 않고서
야 어떻게 그런 소문이나 비방이 나돌 수 있습니까?
당신의 행동이 많은 사람들의 이목을 끄는 것이라
고 밝혀진다면, 매우 실망스러울 수밖에 없을 겁니
다. 그러니 우리가 섣부른 판단을 내리지 않도록 당
신이 한 일에 대해 얘기해 주시기 바랍니다."

이렇게 말씀하시는 분이 있다면, 저는 그분의 요구가 매우 정당한 것이라고 생각합니다. 그래서 저는 여러분께 저를 둘러싼 소문과 나쁜 평판이 나돌게 된 이유에 대해 말씀드리고자 합니다. 그러니 제 얘기를 들어보시기 바랍니다.

여러분 가운데 어떤 분은 제가 농담을 늘어놓고 있다고 생각하실지 모르겠습니다. 하지만 제가 하는 말은 틀림없는 진실입니다.

그러니까 여러분, 제가 명성을 얻은 이유는 다름이 아니라 제게 어떤 종류의 지혜가 있기 때문입니다. 어떤 지혜냐고요? 그것은 사람이라면 누구나 갖고 있는 평범한 지혜입니다. 사실 제가 갖고 있는 지혜란 그런 것에 지나지 않는다고 생각하니까요.

이와 달리 앞서 제가 말씀드렸던 분들은 혹시 평범한 사람들이 가질 수 없는 지혜를 지닌 사람들일지도 모르겠습니다. 그런 지혜가 어떤 지혜인지 저는 모릅니다.

저는 그런 지혜를 갖고 있지 않기 때문이지요. 그런데도 누가 제게 그런 지혜가 있다고 말한다면, 그는 거짓말을 하고 있는 것입니다. 오로지 저를 헐뜯기 위해 그런 말을 늘어놓는 것입니다.

델포이의 신탁[*]

그러니 아테네 시민 여러분, 제 얘기가 다소 허황되게 들리더라도 흥분하지 말고 잘 들어주시기 바랍니다. 제가 말씀드리려는 것은 지어낸 말이 아닙니다. 여러분께서도 충분히 믿을만한 분으로부터 나온 것이니까요.

---

[*] 고대 그리스에서는 어떤 중요한 일에 관한 결정을 내릴 때 신들에게 가부(可否)를 묻는 것이 일반적인 관례였다. 이때 신의 뜻은 무녀(여사제)의 입을 통해 전달되는데, 이런 신의 말씀을 신탁이라고 한다.

그래서 저의 지혜에 관해, 즉 제게 대체 그런 지혜가 있는지, 그리고 그게 어떤 것인지 말씀드리고자 저는 델포이의 신을 증인으로 내세우고자 합니다.

여러분은 아마 카이레폰*이라는 사람을 알고 계실 겁니다. 그는 어려서부터 제 친구였을 뿐만 아니라, 여러분의 친구였으니까요. 그는 여러분과 마찬가지로 나라 밖으로 추방당했다가 여러분과 함께 되돌아왔던 사람입니다.

여러분은 그가 모든 일에 열정적으로 뛰어드는 성격의 소유자라는 것을 아실 겁니다. 그는 언젠가 델포이에 가서 다음과 같은 신탁을 구했을 정도로 대담했던 인물이었습니다.

---

* 카이레폰은 소크라테스의 친구로 정치적으로 민주파였다. 기원전 404년 아테네가 펠로폰네소스 전쟁에서 스파르타에게 패배한 후 30인의 참주가 정권을 잡았을 때, 민주파 사람들은 국외로 망명했다가 다음 해에 참주 정부가 무너지자 귀국했다.

시민 여러분, 부탁드렸다시피 제발 소란 피우지 마시고 제 얘기에 귀를 기울여 주십시오. 그가 신전*에 가서 저(소크라테스)보다 더 지혜로운 사람이 있냐고 물었더니, 그 곳에 있던 무녀가 하는 말이 저보다 더 지혜로운 사람은 없다고 하더랍니다.

　카이레폰은 이미 이 세상 사람이 아니니까 이 얘기에 대해서는 여기에 있는 그 분의 동생이 증언해 줄 것입니다.

델포이 신전에서 신탁을 받는 모습.

델포이는 그리스 중부에 있는데, 고대 그리스 사람들은 이곳을
세계의 중심이라고 믿어 '세상의 배꼽(옴파로스)'이라며 성스럽게
여겼다. 그래서 델포이의 아폴론 신전은 신의 뜻을 받는 신탁으로
유명했다.

- 아테네 사람들은 소크라테스가 일반 사람들과 다른 언행을 하기 때문에 남들의 이목을 끌고 그에 대한 비방과 나쁜 평판이 돈다고 생각했다.

- 이에 대해 소크라테스는 자신에게 지혜가 있기 때문에 명성을 얻은 것은 맞다고 말한다. 그러나 자신의 지혜는 일반 사람이 가질 수 없는 지혜가 아니라, 인간이라면 누구나 갖고 있는 평범한 지혜에 지나지 않는다고 주장했다.

- 하지만 사람들은 소크라테스의 말을 믿지 않았다. 그래서 친구 카이레폰이 델포이 신전의 무녀로부터 들은 "소크라테스보다 더 지혜로운 사람은 없다."는 신탁 이야기를 통해 자신의 말을 증명하려 했다. 델포이의 신을 증인으로 내세웠던 것이다.

• 소크라테스는 자신이 갖고 있는 지혜는 보통 사람
이라면 '누구나 가질 수 있는 평범한 것'이라고 주
장했다. 하지만 당시 사람들은 그의 지혜를 평범하
다고 생각하지 않았다.

• 사람들은 흔히 자신의 생각을 정당화하기 위해 성
인이나 위인들의 말을 끌어들이곤 한다. 훌륭하다
고 일컬어지는 사람들의 말에는 지혜가 담겨 있고
신뢰할만한 권위가 있다고 생각하기 때문이다. 하
지만 이런 태도가 그리 바람직한 건 아니다. 16세
기 영국의 철학자 프랜시스 베이컨은 '극장의 우상'
이라는 표현을 통해 자신의 사고나 감정에 근거하
지 않고, 다른 사람들의 명성이나 권위에 기대어
판단하는 태도를 버려야 한다고 주장한 바 있다.

훌륭하다는 사람들이
오히려 부족해 보였습니다.

제가 어째서 이런 말씀을 드리는지 잘 기억해 두
시기 바랍니다. 이제 사람들이 근거 없는 말로 저를
헐뜯는 이유에 대해 말씀드리려고 하니까요. 델포이
의 신탁 내용*을 듣고 나서 저는 다음과 같은 생각이
들었습니다.

"신께서 말씀하시려는 것은 무엇이며, 그분은 대
체 어떤 수수께끼를 내신 걸까? 내겐 티끌만큼도 지
혜라는 것을 찾아볼 수가 없는데. 그분이 저를 가장

---

*델포이의 신탁은 "소포클레스는 현명하다. 에우리피데스는
더욱 현명하다. 그러나 소크라테스는 만인 가운데서 가장 현
명하다."였다고 전해진다.

지혜로운 사람이라고 말씀하셨다면, 그것은 어떤 의미일까? 분명 그분이 거짓말을 할 리는 없을 텐데. 거짓말이란 신과 거리가 먼 얘기니까."

그래서 저는 오랫동안 그분이 하신 말씀의 의미를 이리저리 곰곰이 생각해 보았습니다. 심사숙고 끝에 마침내 저는 이 뜻을 제대로 알아보기 위해 다음과 같은 방법을 취하기로 했습니다.

지혜롭다고 소문이 자자한 사람을 찾아 나서기로 한 거지요. 혹시 그 사람에게서 신의 말씀을 반박할 만한 증거를 찾을 수 있지 않을까 하는 마음에서였습니다.

"보십시오! 이 사람이 저보다 더 지혜로운데도, 당신은 제가 가장 지혜롭다고 말씀하셨습니다."

제가 만났던 사람은 정치가였는데, 여기서 그 사람의 이름을 굳이 밝힐 필요는 없겠지요. 저는 그 사람을 자세히 살펴보고, 또 얘기를 나누면서 이런 인상을 받았습니다. 이 사람은 뭇사람들에게 가장 지혜로운 사람이라는 평을 받고, 또 자기 자신도 그렇다고 생각하고 있지만, 제가 보기엔 전혀 그렇지 않다고 말이지요.

그래서 저는 그가 스스로 지혜롭다고 생각할는지는 몰라도, 사실 그렇지 않다는 것을 깨닫게 해주려 했습니다. 이 일로 저는 그 사람뿐만 아니라 그곳에 있던 많은 사람들에게 미움을 사게 된 것이지요.

저는 돌아오면서 이런 생각이 들었습니다.

"저 사람보다야 내가 지혜로운 것은 틀림없어. 왜냐하면 그나 나나 사실 아름다운 것이 무엇인지, 또 좋은 것이 무엇인지 알지 못하지만, 그는 아무것도 모르면서 마치 자신이 뭔가 알고 있다고 생각하고 있으니까. 나는 알지도 못할뿐더러 안다고 생각하지도 않아. 그렇다면 이런 점에서만큼은 그 사람보다 내가 좀 더 지혜로운 것은 아닐까? 적어도 나는 내가 모르는 것을 안다고 생각하지는 않으니까."

그 후에도 저는 그 사람보다 더 지혜롭다는 사람을 찾아가 보았지만, 역시나 똑같은 인상을 받았습니다. 그래서 제가 그 사람뿐만 아니라 다른 많은 사람들의 미움을 받게 된 것입니다.

그 뒤로도 여기저기 돌아다녀 보았지만, 저는 제가 미움만 사고 있다는 사실을 깨닫고 괴롭고 걱정스러웠습니다. 하지만 저는 무엇보다 신탁의 말씀을 반박하는 일에 몰두해야 한다는 생각이 들었습니다. 그래서 신탁의 의미를 알아내기 위해 무엇인가를 알고 있다는 사람들을 모두 찾아가 봐야 한다고 생각했지요.

여러분, 개에게 맹세컨대*, 저는 여러분께 진실만
을 얘기하기로 했기에 지금 제가 겪었던 기이한 경
험에 대해 말씀드리는 것입니다.

신의 말씀에 비춰보건대 가장 훌륭하다고 소문난
사람들이 제게는 모든 면에서 부족해 보인 반면, 부
족하다고 생각했던 사람들이 오히려 더 사려가 깊다
는 생각이 들었습니다.

그러기에 저는 여러분께 제 고통스러운 행보에 대
해 계속 말씀드릴 수밖에 없습니다. 저에 대한 신탁
이 끝끝내 뒤집어지지 않았기 때문입니다.

---

*'개에게 맹세한다'는 표현은 신들의 이름을 함부로 들
  먹이길 꺼려하는 데서 나온 것으로, 당시 사람들은 개뿐만
  아니라 거위, 양, 플라타너스 따위의 동물이나 식물의 이름
  을 들어 자신의 진실한 마음을 드러냈다.

정치가들을 만난 다음 비극이나 디오니소스[*]를 찬양하는 합창곡이나 시를 짓는데 탁월한 재주를 지닌 작가들을 찾아갔습니다. 그때 저는 이번에야말로 저의 정신적인 열등함이 분명하게 드러날 수 있을 것이라는 확신을 갖고 있었습니다.

그래서 저는 그들이 가장 공을 들여 지은 것으로 생각되는 작품들을 골라 그것의 의미를 설명해 줄 것을 요청했습니다. 그들의 작품에서 무엇인가 배울 점이 있을 거라는 생각에서였지요.

그런데 아테네 시민 여러분, 사실대로 말씀드리기에 창피합니다만 솔직하게 얘기하지 않을 수 없군요. 그 자리에 있던 대부분의 사람들이 작품을 쓴 작

---

[*] 풍요와 포도주의 신인 디오니소스는 제우스와 그의 애인 세멜레 사이에서 태어난 아들로 로마 신화에서는 바쿠스라고 한다. 고대 그리스의 비극은 노래와 춤으로 디오니소스 신을 찬양하는 종교적 축제에서 비롯되었다.

가들보다 작품들에 대해 더 잘 알고 있었습니다.

순간 저는 그들의 작품이 지혜에서 우러나온 것이 아니라, 점쟁이나 예언자들이 그런 것처럼 타고난 소질이나 영감에 의해 쓰여졌다는 생각이 들었습니다. 왜냐하면 작가들은 이런저런 좋은 것들을 많이 얘기하지만, 실제로는 자신들이 말하는 것의 참된 의미를 알지 못하고 있었기 때문입니다. 제가 정치가들에게서 느꼈던 것처럼 작가들도 그와 비슷한 처지였던 것이지요.

그때 저는, 그들이 작가로서의 소질 때문에 자기가 알지 못하는 다른 일들에 대해서도 자신들이 다른 사람들보다 더 지혜롭다는 잘못된 믿음을 갖고 있다는 것을 알았습니다.

그래서 저는 정치가들의 경우와 마찬가지로 제가 그들보다는 더 현명하다는 생각을 갖고 그 자리를 떠났습니다.

수공업자들과의 대화

저는 마지막으로 수공업자를 찾아갔습니다. 저는 저 자신이 아무것도 모른다는 것을 분명히 알고 있었지만, 그들은 저와 달리 많은 훌륭한 지식을 갖고 있을 것이라는 확신이 있었습니다.

그들은 저를 실망시키지 않았습니다. 정말로 그들은 제가 알지 못하는 것들을 알고 있었으니까요. 그런 점에서 그들은 저보다 지혜로웠습니다.

그렇지만 여러분, 그런 훌륭한 수공업자들도 작가들과 똑같은 잘못을 저지르고 있었습니다. 왜냐하면 그들은 자신이 가진 기술이 남보다 월등하다는 이유로 그 밖의 다른 중요한 분야에서도 자신들이 가장 지혜롭다고 생각하고 있었기 때문입니다. 그러한 좁은 소견이 자신들의 지혜마저 빛이 바래게 만든 셈이지요.

그래서 저는 신탁의 이름으로 제 자신이 취해야
할 행동이 무엇인지 생각해 보았습니다.

"지금까지의 저의 모습, 그러니까 수공업자들처럼
지혜롭지도 않고 그들처럼 어리석지도 않은 채로 머
물러 있어야 하는지, 아니면 그들처럼 지혜와 어리
석음을 함께 공유해야 하는지."

그리하여 신탁에 대해 생각해 본 끝에 제가 얻은
대답은 제 모습을 그대로 유지하는 편이 낫겠다는
것이었습니다.

• 카이레폰으로부터 델포이의 신탁을 전해 들은 소크
라테스는 신탁의 의미가 무엇인지 의아해할 수밖에
없었다. 자신이 갖고 있는 지혜는 보통 사람이라면
'누구나 갖고 있을 것 같은' 평범한 것이고 자신에
게는 티끌만큼도 지혜가 없다고 생각했기 때문이
다.

• 소크라테스는 신탁이 틀렸을지도 모른다고 생각하
고, 자신보다 더 지혜로운 사람을 찾아보려고 했
다. 그리하여 자신의 활동 분야에서 가장 지혜롭고
훌륭하다는 평을 받고 있는 정치가와 작가 그리고
수공업자를 만나 보았다. 그들은 자신보다 더 지혜
로운 사람일 거라고 생각했기 때문이다. 하지만 소
크라테스는 그들과 대화를 나누어 보고는 곧 실망
을 하고 만다.

• 정치가는 자신이 모르는 것에 대해서도 무엇인가
알고 있다고 착각하고 있었다. 부족하다고 생각했
던 사람들보다 오히려 사려가 깊지 않았다.

- 작가들은 자신들이 말하는 것의 참된 의미를 알지 못했다. 그들의 작품은 지혜에서 우러나온 것이 아니라 타고난 소질이나 영감에 의해 쓰여졌다는 생각이 들었다.

- 수공업자들은 자신의 기술이 남들보다 월등하니까 그 밖의 다른 중요한 분야에서도 자신들이 가장 지혜롭다고 생각하고 있었다.

- 소크라테스가 만나 본 정치가, 작가, 수공업자 그들 모두는 자신의 전문 분야에 대한 약간의 지식이 있다고 해서 자신들이 마치 모든 것을 다 알고 있다는 잘못된 믿음에 사로잡혀 있었다. 그래서 그는 모르는 것을 안다고 착각하지 않는 자신이 그들보다 훨씬 지혜롭다고 생각했다. 오히려 제대로 알지도 못하면서 안다고 생각하는 그들이야말로 지혜롭지 못한 사람이라는 결론을 내렸다.

더 생각해 보기 :

- 소크라테스는 제대로 알지도 못하면서 안다고 착각 하고 있는 사람보다 모르는 것을 안다고 착각하지 않는 자신이 더 지혜롭다고 생각했다. 소크라테스 가 말하려는 지혜란 바로 '자신이 모른다는 것을 스 스로 깨닫는 것'을 말한다.

- 세상에는 지식을 뽐내면서 자신만이 옳다고 주장하 는 사람들이 있다. 이들은 자신이 모르는 것에 대 해서도 안다고 착각하고 있는 경우가 많다. 하지만 자신이 모른다는 것을 깨닫는다면 자신의 주장만을 내세우지는 않을 것이다.

인간의 지혜란
보잘것없는 것입니다.

아테네 시민 여러분, 이렇듯 꼬치꼬치 캐묻고 따지다보니 많은 사람들이 저를 미워하게 되었고, 이제 저에 대한 사람들의 적개심은 매우 위험하고 극단적인 지경에 이르렀습니다.

그리하여 마침내 저에 대한 수많은 중상모략과 함께 제가 지혜로운 사람이라는 소문이 퍼지게 된 것입니다. 그 자리에 같이 있었던 사람들은 캐묻고 반박하는 제 모습만 보고 제가 마치 무슨 지혜를 갖고 있다는 듯이 쉽게 판단해 버렸기 때문입니다.

하지만 시민 여러분, 오직 신만이 지혜로울 뿐입니다. 신탁이 제게 말하려고 했던 것은 인간의 지혜란 정말 보잘것없고 전혀 부질없다는 것이 아닐까 하는 생각을 떨쳐 버릴 수가 없습니다.

아무래도 델포이의 신탁은 이 소크라테스를 두고 한 게 아니라, 제 이름은 그저 본보기일 뿐 이렇게 이야기하려는 것 같았습니다.

"인간들이여, 너희들 가운데 가장 지혜로운 자는 소크라테스처럼 자신의 지혜란 실로 아무짝에도 쓸모없다고 깨달은 사람이니라."

그래서 저는 지금도 여전히 스스로 지혜롭다고 하는 사람이 있다면 아테네 시민이든 이방인이든 가리지 않고 찾아가 신의 명령에 따라 캐묻고 따지고 있는 것입니다. 그리고 지혜가 없다고 생각될 경우에는, 신을 돕는다는 생각으로 그가 지혜로운 사람이 아니라는 것을 보여 주고 있습니다.

저는 이런 일로 분주한 탓에 나랏일이건 집안일이건 신경 쓸 여유가 없었습니다. 오직 신에게 헌신하겠다는 마음으로 저는 매우 가난한 생활을 하고 있습니다.

비방을 받는 또 다른 이유

게다가 또 다음과 같은 상황이 벌어지기도 한답니다. 자발적으로 저를 따라다니며 제가 사람들에게 따지고 묻는 것에 흥미롭게 귀를 기울이는 매우 한가한 부유한 집안의 자제들이 있습니다.

종종 그 청년들은 제 흉내를 내느라 사람들을 상대로 묻고 따져가며 자신들의 능력을 시험해 보곤 하지요. 그러면서 그들은 무엇인가 안다고 생각하지만 실제로는 조금밖에 모르거나 전혀 모르고 있는 사람이 무척 많다는 것을 알게 되지요.

그런데 그런 젊은이들에게 질문 세례를 받은 사람들은 자기 자신에게 화를 내는 게 아니라 오히려 제게 화를 냅니다. 그리고 신을 믿지 않는 소크라테스라는 작자가 돌아다니며 젊은이들을 타락시키고 있다는 말을 하고 다니지요.

그리고 누군가 그들에게 소크라테스의 행동과 가르침에 관해 물어보면, 그들은 무슨 말을 해야 할지 전혀 모릅니다. 그러면서 자신들의 당황한 기색을 감추려고 흔히 지혜를 사랑하는 사람들*을 비난할 때 들먹이는 케케묵은 말만 늘어놓습니다.

말하자면, '소크라테스는 하늘의 현상과 땅속의 사물들에 대해 가르친다'든지, '신들을 믿지 말라고 가르친다'든지 또는 '빈약한 주장을 강력한 주장으로

---

*그리스어로 지혜로운 사람이라는 뜻인 소피스트는 기원전 5세기쯤부터 기원전 4세기까지 그리스 전역에서 활동했던 철학 교사들을 말한다. 대표적인 소피스트로는 '인간이 만물의 척도'라며 인식의 주관성을 주장했던 프로타고라스와 인간의 지식을 불완전한 것으로 생각했던 고르기아스를 들 수 있다. 이들은 실제 생활에 도움이 되는 지식을 강조했다는 공통점이 있다. 소크라테스는 이들과 달리 참된 지식은 감각이 아니라 오직 사고를 통해서만 얻을 수 있다고 주장했다

탈바꿈시키는 기술을 가르친다'든지 하는 식이지요.

왜냐하면 그들은 자신들이 품고 있는 증오심의 참된 원인을 솔직하게 시인할 수 없고, 실제로는 아무것도 모르면서 뭔가 알고 있다고 둘러대는 자신들의 본모습을 소크라테스가 들추어냈다는 사실을 애써 인정하려 하지 않기 때문입니다.

그들은 명예욕이 강하고 격정적이며 수적으로도 많고, 또 합심하여 온갖 그럴싸한 말로 저에 대한 비방을 늘어놓은 탓에, 저는 여러분이 이미 오래전부터 저에 대한 비방을 당연하게 받아들였을 것이란 점을 이해합니다.

소크라테스의 머리 위에 물을 붓는 크산티페.

크산티페는 소크라테스의 아내로 악처(惡妻)의 대명사로
알려져 있다. 어느 날 크산티페는 집으로 돌아온 소크라테스에게
욕을 하며 머리 위에 물을 들이부었다. 아마 크산티페는
집안일을 내팽개쳐 놓고 온갖 사람들과 어울려 다니는
소크라테스가 못마땅했을 것이다.

- 델포이 신전 기둥에는 '너 자신을 알라.'는 말이 새겨져 있었다고 한다. 소크라테스는 인간이 지니고 있는 지식은 하찮고 보잘것없다는 입장에서, 무엇보다도 '자신의 무지에 대한 자각'이야말로 철학의 출발점이 되어야 한다고 생각했다.

- 신탁의 말은 소크라테스를 본보기로 말한 것으로 "지혜로운 자는 소크라테스처럼 자신의 지혜란 아무짝에도 쓸모없다는 것을 깨달은 사람이다."라는 의미였다.

- 소크라테스가 아테네 시민들을 상대로 그들이 알고 있다는 것에 관해 꼬치꼬치 캐물었던 이유는, 인간의 지식이 얼마나 허술하고 보잘것없는가를 스스로 깨닫게 하기 위해서였다. 하지만 이로 인해 그는 많은 사람들의 미움을 샀다.

- 또한 소크라테스를 보고 배운 젊은이들로부터 질문 세례를 받은 사람들은 당황하여 소크라테스를 비난

했다. 그가 '젊은이들을 타락시키고 있다.', '신들을
믿지 말라고 가르친다.'며 비난했던 것이다.

- 하지만 실제로는 아무것도 모르면서 뭔가 알고 있
다고 둘러대는 자신들의 모습이 드러나는 것을 인
정하지 않으려고 오히려 소크라테스를 비난했던 것
이다. 이로 인해 오래전부터 아테네 시민들은 그런
비방을 당연하게 받아들이게 되었다.

• 소크라테스는 사람들에게 인간의 지식이 얼마나 허술하고 보잘것없는가를 자각시키기 위해 질문을 던졌다. 하지만 그의 질문 공세에 염증을 느낀 아테네 시민들은 그를 궤변이나 늘어놓는 공동체의 암적인 존재로 여겨 고소인들의 얼토당토않는 주장에 동조한다.

• 사람들은 올바른 소리를 하는 사람보다는 편안하고 달콤한 소리를 하는 사람에게 귀를 기울이기 쉽다. 올바른 소리를 귀찮은 잔소리라며 짜증을 내는 경우도 있고, 올바른 소리를 하는 사람을 잘난 체한다며 비난하는 경우도 있다. 하지만 올바른 소리에 귀를 기울이는 사람이 많을 때 사회는 보다 건강하게 발전할 수 있다.

양심에 호소하는 일을
멈추지 않을 것입니다.

아테네 시민 여러분, 사실은 이렇습니다. 모름지기 사람이란 자기 스스로 가장 좋다고 뛰어해서 찜한 자리든지, 아니면 윗사람이 배치해 준 자리든지 간에, 그 자리가 어떤 자리든지 온갖 위험을 무릅쓰고 지켜내야 합니다. 치욕에 비한다면 죽음이나 위험은 그리 대수로운 것이 아니라는 생각을 갖고 말이지요.

그렇다면 여러분, 생각해 보십시오. 여러분이 저의 상관으로 뽑아 준 지휘관이 포티다이아에서, 암피폴리스에서, 그리고 델리온에서 벌어진 전투에서 제게 위치를 정해줬을 때, 저는 다른 사람들과 마찬가지로 죽음의 위험을 무릅쓰고 그 자리를 끝까지 지켜냈습니다.*

만약 제가 저 자신과 다른 사람들의 생각을 캐물으며 진리 탐구에 헌신하며 살 것을 요구한 신의 명령을 거역하고, 죽음이나 어떤 위험이 두려워서 저의 임무를 포기하려 든다면, 그것이야말로 용서받지 못할 일이 아닐까요?

만약 제가 신의 명령을 거역하고 죽음이 두려워 임무를 저버렸다면, 신을 믿지 않는다는 이유로 저를 법정에 세우는 것이 마땅할 것입니다. 제가 신탁

---

*소크라테스는 펠로폰네소스 전쟁(기원전 431~404년)에서 포티다이아(기원전 431~429년), 델리온(기원전 424년) 그리고 암피폴리스(기원전 422년)에서 벌어진 전투에 참가했다. 아테네가 주도하는 델로스 동맹과 스파르타가 주도하는 펠로폰네소스 동맹 사이에 일어난 전쟁이었다. 이 전쟁은 스파르타의 승리로 끝났지만 결국 고대 그리스가 쇠망한 원인이 되었다.

을 따르지 않고 죽음을 두려워하며 지혜가 없으면서도 마치 있다는 듯 잘못 생각하고 있기 때문입니다.

아테네 시민 여러분, 죽음을 두려워하는 것이 지혜가 없으면서도 마치 있는 것처럼 생각하는 것과 무엇이 다르겠습니까? 그것은 모르는 것을 안다고 착각하는 것과 똑같습니다.

왜냐하면 죽음에 대해 아는 사람은 아무도 없기 때문입니다. 죽음은 혹시 인간에게 가장 큰 축복일는지도 모릅니다. 그런데도 사람들은 마치 죽음이 가장 나쁘다는 것을 잘 알고 있는 양 죽음을 두려워합니다.

그렇다면 이것이야말로 정말 비난을 받아야 마땅할 무지가 아니고 무엇이겠습니까? 알지도 못하면서 마치 안다는 듯 착각하는 것일 테니까요.

하지만 시민 여러분, 저는 아마 이 점에서 대다수

사람들과 차이가 있지 않나 싶습니다. 만약 제가 어떤 면에서 다른 사람보다 더 지혜롭다고 말할 수 있다면, 그것은 바로 저승의 일에 관해 잘 모르기 때문에 제가 죽음에 대해 안다고 착각하지 않는다는 점일 것입니다.

그러나 저는 법에 어긋난 행동을 하거나, 신이든 인간이든 자기보다 나은 사람의 말을 따르지 않는 것이 나쁘고 수치스러운 일이라는 것을 알고 있습니다. 그러기에 저는 제가 확실하게 알고 있는 악 대신에 혹시 선일지도 모르는 것을 결코 두려워하거나 회피하지 않을 것입니다.

신의 명령에 따르는 삶

여러분이 지금 아뉘토스의 말에 동의하지 않고 제게 무죄 판결을 내려서 저를 풀어 준다고 생각해 봅시다.

아뉘토스*는 제게 애초에 법정에 설 일을 하지 말았어야 했는데 그러지 못했다고 하면서, 일단 법정에 출두한 이상 제게 사형 선고를 내릴 수밖에 없다고 말했습니다. 만약 제가 운 좋게 풀려난다면, 여러분의 자식들이 소크라테스의 가르침을 실행에 옮겨 완전히 타락의 구렁텅이로 빠져들 거라는 이유를 내세우면서 말이지요.

이에 대해 여러분이 제게 이렇게 말한다고 해 봅시다.

"소크라테스, 지금은 우리가 아뉘토스의 말을 따르지 않고 자네를 풀어 주겠네만, 그 대신 조건이 있

---

* 아뉘토스는 아테네의 민주파 정치가로 30인의 참주 정부를 무너뜨리는 데 공을 세운 인물이다. 그는 비교적 온건하고 합리적인 정치가였지만, 젊은 멜레토스를 사주해 소크라테스를 고발한 핵심 인물로 꼽힌다. 또 한 명의 고소인인 뤼콘은 펠로폰네소스 전쟁 중 저지른 배신 행위로 종종 조롱의 대상이 되곤 했다는 기록이 있다.

네. 지금까지 사람들을 붙잡고 꼬치꼬치 캐물어 가며 진리 탐구에 몰두해 왔던 일을 더는 하지 말아 주게나. 만일 그런 행위가 또 다시 발각된다면, 그때는 죽음을 면할 수 없을 걸세."

여러분이 이런 조건으로 저를 풀어 주신다면, 저는 여러분께 이렇게 말할 것입니다.

"아테네 시민 여러분, 저는 여러분을 존경하고 여러분에게 깊은 애정을 갖고 있지만, 여러분보다는 신을 따르겠습니다. 그리고 제게 목숨이 붙어 있는 한, 저는 진리를 탐구하고 여러분을 타이르고 교화하며 제가 만나는 모든 사람들에게 지금까지의 방식대로 저의 양심을 호소하는 일을 그만두지 않을 것입니다."

그리고 또 이렇게 말할 겁니다.

"여보게, 자네는 교양과 국력이 가장 뛰어난 아테네의 시민이 아닌가. 자네는 그저 자신의 돈주머니를 가득 채울 생각이나 하고 명예나 지위를 얻는 데만 급급할 뿐, 통찰력이나 진리 그리고 자신의 정신을 최대한으로 끌어올리는 일에 신경을 쓰지 않는 것을 부끄럽게 생각하지 않는가?"

여러분 가운데 누군가 제 말에 이의를 제기하며, 그렇지 않아도 자신은 그런 일에 힘쓰고 있다고 하신다면, 저는 그 사람을 붙잡고 이런저런 것에 관해 캐묻고 꼬치꼬치 따질 것입니다.

만일 그에게서 덕을 찾아볼 수 없음에도 자신이 덕을 지니고 있다고 우길 때에는, 가장 소중한 것을 가장 소홀히 생각하고 하찮은 것을 더 귀중하게 생각한다며 그를 나무랄 것입니다.

저는 젊은 사람이든 늙은 사람이든 이방인이든 우리나라 사람이든 가리지 않고, 만나는 사람마다 그렇게 말할 것입니다. 특히 우리나라 사람인 여러분에게는 더더욱 그렇게 말할 것입니다. 여러분은 동족으로서 저와 가까운 관계에 있으니까요.

제가 이러는 것은 신의 명령에 따른 것임을 여러분도 확실히 아실 거라 믿습니다. 저는 여러분과 우리나라를 위해, 제가 신에게 봉사하는 것보다 더 좋은 일은 없다고 생각합니다.

정말이지 제가 한 일이라곤 여기저기 꾸준히 돌아다니며, 젊은이든 늙은이든 가리지 않고 여러분께 신체의 건강과 재산에만 마음을 쏟는 데 급급해하지 말고, 정신을 건강하고 훌륭하게 계발하는 데 힘쓰라고 설득한 게 전부입니다.

그러니까 제 말은 '재물에서 덕이 생기는 게 아니라, 덕이 있음으로써 재물과 그 밖의 사적이나 공적인 생활에서 필요하고 좋은 모든 것이 생겨난다.'는 것입니다.

이런 제 말이 젊은이들을 나쁜 길로 인도하는 것

이라고 한다면, 그것은 정말 해로운 일일지도 모르겠습니다. 하지만 제가 이런 것 말고 다른 것을 가르친다고 말씀하시는 분이 있다면, 그것은 정말이지 터무니없는 얘기입니다.

그렇기에 시민 여러분, 여러분이 아뉘토스의 말을 따르든 따르지 않든, 또 저를 풀어 주든 안 풀어 주든 상관없이, 저는 그 어떤 일이 있어도 달리 행동하지 않을 것이며 죽음을 무릅쓰고서라도 제 생각을 굽히지 않을 것이라는 점을 명심해 주시기 바랍니다.

소크라테스가 말에서 떨어진 아테네 장군 알키비아데스를 구출하고 있는 모습.

코린트의 지원을 받은 포티다이아가 반란을 일으키자, 아테네
군은 포티다이아를 포위 공격해 반란을 진압했다. 이 전투로
아테네와 스파르타 사이의 평화조약이 깨지고 2차 펠로폰네소스
전쟁이 재발하는 원인이 되었다. 소크라테스도 이 전투에
참가했다.

- 소크라테스는 펠로폰네소스 전쟁 중 3번의 전투에
  참가하여 죽음을 무릅쓰고 임무를 완수했다. 죽음
  을 두려워하는 것은 지혜가 없으면서 마치 있는 것
  처럼 생각하는 것이라고 보았기 때문이다.

- 소크라테스는 저승의 일에 관해 잘 모르기 때문에
  죽음에 대해 안다고 확가하지 않았고, 혹시 축복일
  지도 모른다고 생각했다.

- 소크라테스가 꼬치꼬치 캐물어 가며 진리 탐구에
  몰두하는 일을 하지 않겠다고 약속하면 배심원들이
  그를 풀어 줄지도 모를 일이었다.

- 하지만 소크라테스는 풀어 준다고 해도 지금까지처
  럼 신의 명령에 따라 진리를 탐구하고, 덕을 쌓을
  것을 호소하는 일을 그만 둘 수는 없다고 했다. 아
  테네 시민과 아테네를 위해서 자신이 신에게 봉사
  하는 일보다 더 좋은 일은 없다고 주장했다.

• 소크라테스는 풀어 주든 안 풀어 주든 상관없이, 죽음을 무릅쓰고서라도 자신의 생각을 굽히지 않을 것임을 분명히 했다.

- 전투에서 죽음을 두려워하지 않는 용기를 보여 주었던 소크라테스는 신념을 굽혀가며 목숨을 부지하느니 당당하게 죽음을 받아들이겠다고 하였다. 이런 그의 모습은 명예나 칭송이 아닌, 양심을 따르는 삶을 살려는 평소의 생활 태도에서 우러나온 것으로, 말과 행동이 일치하는 진정한 현자의 모습이 있다.

- 말은 그럴싸하게 하면서도 자기 이익만을 좇는 사람들이 있다. 말과 행동이 일치하지 않고 말만 남발하는 사람들이다. 하지만 스스로 행하지 못할 말이나 약속을 하는 것은 비겁한 일이다. 진정한 용기란 자신의 신념에 따라 말하고, 행동하고, 책임지는 것이다.

여러분에게 경고하고자
신이 저를 보냈습니다.

아테네 시민 여러분, 많은 분께서 제가 지금 저 자
신을 위해 변명하고 있다고 생각하실지 모르겠습니
다. 하지만 저의 변론은 오히려 여러분을 위해서입
니다.

저를 사형에 처하는 것은 신께서 여러분께 주신
선물에 부정한 짓을 저지르는 것일 테니까요. 만약
여러분이 저를 죽인다면, 다시는 저와 같은 사람을
찾기가 쉽지 않을 것입니다.

가소롭게 들리실지 모르겠지만, 저는 신께서 이
나라의 잘못을 바로잡아 보라고 보낸 사람입니다.

이 나라는 마치 몸집이 크고 혈통이 좋은 말과 같

아서, 커다란 덩치 때문에 게으름에 빠져드는 것을 막기 위해서는 따끔한 자극이 필요하지요. 그러기에 신께서 온종일 부지런히 여기저기 돌아다니며 여러분을 깨우치고 타이르고 나무라라고 저를 이 나라에 보낸 겁니다.

따라서 저 같은 사람을 다시 찾기는 어려우실 테니, 여러분, 제 말을 이해하신다면, 여러분은 저를 소중한 사람으로 생각하실 것입니다.

하지만 누가 알겠습니까. 혹시 여러분께서는 막 선잠에서 깬 사람처럼 제게 화를 내며 아뉘토스의 말만 믿고 별생각 없이 사형 선고를 내릴지도 모르지요.

만약 그렇게 된다면, 신께서 측은한 마음에서 여러분에게 다른 사람을 보내 주시지 않는 이상, 여러분은 잠자는 채로 여생을 보낼 수밖에 없을 것입니다.

신께서 여러분에게 경고하고자 저를 보내셨다는

것은 다음과 같은 사실로도 알 수 있을 것입니다.

저는 오랫동안 집안일이나 제 개인적인 일을 모두 젖혀 두고, 때로는 아버지처럼 때로는 형처럼 여러분께 다가가 덕을 쌓는 데 힘쓸 것을 권유해 왔습니다. 오로지 여러분의 행복을 위해 제가 해 온 이런 일이 결코 예사로운 인간의 행동일 수는 없을 것입니다.

만약 제가 이런 일을 하면서 어떤 이득을 취했다거나, 또는 그 대가로 보수를 받았다고 한다면, 혹시 여러분은 저의 행동을 이해할 수 있다고 하실는지 모르겠습니다.*

하지만 여러분이 보시다시피, 다른 모든 일에 대해서 염치라고는 눈 씻고 찾아볼 수 없을 정도로 저

---

* 당시 활동했던 소피스트들은 이곳저곳 떠돌아다니며 돈을 받고 변론술, 웅변술, 수사학, 문법, 시, 음악 등 다양한 지식을 가르치는 것을 업으로 삼았다. 이런 점에서 그들은 서양 최초의 직업 교사라고 불릴만하다.

의 죄를 주장하는 고소인들도 이 문제에 대해서만큼
은 그런 염치없는 주장을 늘어놓을 수 없을 것입니
다. 또한 제가 보수를 받았다거나 요구했다는 것을
말해 줄 증인을 내세울 수도 없을 것입니다.

하지만 저는 제가 진실을 얘기하고 있다는 것을
충분히 밝혀 줄 수 있는 증인을 내세울 수 있습니다.
그 증인이 누구냐고요? 바로 저의 가난입니다.

- 소크라테스는 아테네 시민에게 '무지의 자각'과 '덕의 함양'을 주문했던 자신의 행위가 공동체의 가치를 추구하는 데 반드시 필요하다고 보았다. 이는 페리클레스의 황금기 이후 아테네의 민주정이 급격히 타락해 가고 있음을 느꼈기 때문이다.

- 이런 의미에서 소크라테스는 신께서 자신을 아테네의 잘못을 바로잡으라고 보낸 소중한 사람이라고 했다. 그래서 자신을 사형에 처하는 것은 신이 주신 선물에 부정한 짓을 저지르는 어리석은 일이라고 주장했다.

- 소크라테스는 신의 뜻에 따라 개인적인 일을 모두 젖혀 두고, 더구나 소피스트들과 달리 아무 대가도 받지 않고 아테네 시민들에게 덕을 쌓는 일에 힘쓸 것을 권유해 왔다고 주장했다.

- 소크라테스는 그가 보수를 받고 가르침을 전수했다는 떠도는 소문에 대해서는 자신의 가난한 생활을

증거로 제시하며 반박했다. 그리고 고소인들도 이 문제에 대해서만큼은 그런 염치없는 주장을 할 수 없을 것이라고 했다.

• 소크라테스는 아테네의 잘못을 바로잡으려는 '빛과 소금 같은 존재'였다. 하지만 그의 정의로운 목소리가 불편했던 많은 사람들이 그를 비난하며 재판정에 세우고, 그에게 침묵을 강요했다.

• 세상은 자신의 이익을 돌보지 않고 불의에 저항하며 정의로운 목소리를 내는 사람들이 있어 발전해 왔다. 이들은 세상에 반드시 필요한 존재들이다. 하지만 정의롭지 못한 사람들은 이들을 눈엣가시처럼 여겨 비난하고 때로는 힘으로 침묵을 강요하기도 한다.

죽음이 두려워 불의에
굴복하지 않겠습니다.

　여러분은 제가 개인적으로는 이런저런 사람들을
만나 권고도 하고 여러 가지 얘기를 늘어놓으면서
도, 어째서 많은 시민들이 모인 공적인 자리에서 국
가를 위해 아무런 조언도 하지 않으려 했는지 의아
하게 생각하실 것입니다.

　여러분은 제 얘기를 누누이 들으셨을 테니 그 이
유를 잘 알 것입니다. 멜레토스의 고소장에도 조롱
조로 쓰여 있다시피, 제게는 어떤 신적이고 초자연
적인 목소리를 듣는 능력이 있습니다. 그런 현상은
제가 어렸을 때부터 있었지요. 그 목소리는 제가 어
떤 일을 하지 못하도록 항상 경고만 했지 무엇을 하

라고 권유한 적은 한 번도 없었습니다.* 그것이 저로 하여금 나랏일을 멀리하게 한 것이지요.

저는 그런 반대의 목소리를 진정한 축복으로 여겼습니다. 왜냐하면, 시민 여러분, 제가 만약 일찌감치 나랏일에 관여했다면, 저는 이미 오래전에 죽었을 것이며, 여러분이나 저 자신에게 그 어떤 도움이 될 일도 할 수 없었을 것이기 때문입니다.

제가 여러분께 진실을 말한다고 해서 노여워하지 말아 주십시오. 여러분이나 다른 시민들이 솔직하고 우직하게 국가에 맞서, 국가에서 벌어지는 온갖 부정과 불법을 막으려고 하는 사람은 그 누구도 목숨이 안전하지 못합니다.

---

* 소크라테스는 평생 다이몬(신)의 소리를 들었다고 한다. 그런 현상을 두고, 그가 개인적인 신을 섬겼다는 둥 정신병의 징후라는 둥 여러 주장이 있다. 하지만 '내면에서 울려 퍼지는 양심의 목소리'에 귀를 기울였다는 해석이 아마 가장 타당할 것이다.

그렇지 않고 진정으로 정의를 위해 싸우려고 하는 사람이 잠시나마 자신의 목숨을 부지하려면, 반드시 공적인 일에 관여하는 것을 삼가고 개인적인 교제에 만족해야 합니다.

나랏일 때문에 닥쳤던 위험들

이런 주장에 대해 저는 단지 말이 아니라 여러분이 그토록 소중히 생각하시는 것, 즉 사실을 들어 증명해 보이겠습니다. 그러니 제가 겪었던 이야기를 들어 보십시오.

여러분은 제가 죽음이 두려워, 정의를 위배하면서까지 그 누구에게도 굴복하지 않을 것이라는 점을 아시게 될 것입니다. 그리고 제가 굴복하지 않는다면, 곧바로 죽어야 한다는 것이겠지요.

제가 지금부터 여러분께 말씀드리려는 것은 언짢고 달갑지 않은 얘기이지만 엄연한 사실입니다.

아테네 시민 여러분, 저는 지금까지 시의원*으로
봉직했던 것을 제외하고는 국가에서 그 어떤 관직도
맡은 적이 없습니다. 제가 속한 안티오키스 부족이
집행부를 맡고 있을 때였습니다. 여러분은 해전이
끝난 뒤, 배가 난파당해 익사할 위기에 처해 있던 병
사들을 구하려 하지 않았다는 이유로, 지휘관 10명
을 한꺼번에 재판에 넘겨 유죄 판결을 내린 일이 있
었습니다.**

하지만 후에 여러분 스스로 인정하셨다시피, 그것

---

* 아테네는 10개의 부족에서 50명씩 뽑아 최고행정기관인 시의
회를 구성했다. 500인의 시의회 의원의 임기는 1년으로 각 부
족이 1년 중 10분의 1에 해당하는 기간 동안 시의회의 소집,
회의 준비, 토의 사항 결정 등 집행부의 업무를 담당했다.

** 펠로폰네소스 전쟁 때인 기원전 406년 아르기누사이 섬 근처
에서 있었던 해전을 말한다. 아테네는 대승을 거뒀지만, 폭
풍우로 2,000여 명의 병사가 수장되고 말았다. 시민들은 병
사를 구조하지 못하고 시신을 수습하지도 못한 지휘관들의
처벌을 요구했다.

은 불법적인 처사였습니다. 그 당시 시의원들 가운데 오직 저만이 그런 불법적인 조처에 반대했습니다. 그 때 유죄 판결을 끌어냈던 사람들은 즉시 저를 체포해 연행하려 했고, 여러분은 큰소리로 맞장구를 쳤지요.

그럼에도 저는 옥살이나 죽음이 두려워 위법적인 판결을 내린 여러분과 한패가 되느니, 차라리 모든 위험을 무릅쓰고시리도 법과 정의의 편에 서야겠나고 마음을 먹었습니다. 이것은 이 땅에서 아직은 민주정치가 실현되고 있었을 때의 일입니다.

그러나 과두정치 체제가 들어서자, 30명으로 구성된 참주 정부*는 저와 다른 네 명을 관청으로 불러서

---

* 기원전 404년 펠로폰네소스 전쟁에서 패배한 뒤, 아테네에서는 스파르타가 배후 조종하여 구성된 30인의 참주 정부가 독재정치를 실시했다. 8개월 동안 전횡을 일삼던 참주 정부는 민주정치를 옹호하는 세력에 의해 붕괴되었다. 민주정치는 회복되었지만 이미 쇠락의 길로 접어든 아테네는 기원전 388년 마케도니아의 침입으로 멸망하고 말았다.

는 살라미스 출신의 레온을 처형해야 한다며 그를 살라미스에서 데려오라고 명령했습니다. 그들은 가능한 한 많은 사람들을 자신들의 공범으로 만들려고 다른 사람들에게도 자주 그 같은 명령을 내리곤 했지요.

그때 저는, 다소 거칠게 들릴지는 모르겠지만, 죽음을 눈곱만큼도 두려워하지 않으며 그 어떤 일이 있어도 부당하거나 부정한 짓을 저지르지 않는다는 것을 말이 아니라 행동으로 증명해 보였습니다. 공포정치를 일삼던 정부조차 제아무리 무소불위의 권력을 가졌다 한들 제게 부정한 일을 저지르게 할 수는 없었습니다.

우리가 관청을 빠져나오자마자 다른 네 사람은 즉시 살라미스로 가서 레온을 데려왔지만, 저는 집으로 돌아갔습니다.* 만약 그 참주 정부가 그 후 곧바

---

* 고소인 중 한 명인 멜레토스는, 30인의 참주 정부 시절 아무 죄가 없는 아테네의 장군 레온을 붙잡아 오라는 명령을 받고 임무를 수행했다고 한다.

로 무너지지 않았더라면, 저는 목숨을 잃었을지도 모릅니다. 이 일에 관해서 저는 여러분께 여러 증인을 내세울 수 있습니다.

정의를 위한 한결같은 삶

여러분은 만약 제가 나랏일을 했다면, 그리고 성실하게 항상 정의를 옹호하기 위해 힘쓰고, 당연한 일이겠지만 그 일을 소중하게 생각해 왔다면, 제가 이렇게 오랫동안 목숨을 부지할 수 있었다고 생각하십니까? 천만의 말씀입니다, 여러분. 다른 사람의 경우라면 이런 사정이 달라졌을까요?

저는 공적인 업무를 수행하든 개인적인 업무를 처리하든지 간에 평생을 한결같은 모습으로 살아왔습니다. 저는 지금까지 그 누구에게도, 일반 시민은 물론이고 저의 제자라고 우기며 저를 비방하는 사람들에게도, 정의에 어긋나는 일에 대해 결코 굴복한 적이 없습니다.

그리고 저는 지금껏 그 누구의 스승이었던 적이 없습니다. 그렇지만 저는 누군가 제 얘기를 듣고자 하는 사람이 있다면, 젊은 사람이든 늙은 사람이든 할 것 없이, 그들의 요구를 들어주는 것이 제 직업이려니 생각하고 한 번도 거절한 적이 없습니다.※

그런 대화를 구실로 삼아 돈을 요구한다든지, 돈을 안 주면 얘기를 들려주지 않는다든지 하는 경우는 없었습니다. 상대가 부자든지 가난한 사람이든지 원하는 사람에게는 누구나 제 얘기를 듣게 하고, 또 질문도 받고, 대답도 주었습니다.

그렇다면 저와 대화를 나눈 사람이 훌륭한 사람이

※소크라테스는 돈을 받고 지식을 가르쳤던 소피스트들을 장사꾼과 다를 바 없다고 맹렬하게 비판했다. 오늘날 소피스트가 이치에 맞지 않는 말을 이치에 맞는 것처럼 교묘하게 꾸미는 궤변론자로 '잘못' 이해되고 있는 데에는 이들에 대한 소크라테스와 그의 제자들의 곱지 않은 시선 탓이 크다.

되든 안 되든, 그것은 당연히 제게 책임을 물을 일이 아닙니다. 저는 누구에게도 가르치겠다고 약속한 적도 없고, 또 가르친 적도 없기 때문이죠.

그런데도 누군가가 그 어떤 사람도 듣지 못했던 것을 제게 배우거나 들은 적이 있다고 주장한다면, 여러분은 그가 거짓말을 하고 있다는 것을 아셔야 합니다.

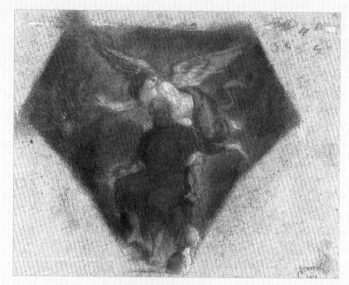

소크라테스의 수호신 다이몬을 형상화한 그림.

다이몬은 본래 고대 그리스에서 신과 인간의 중간에 있는 존재
혹은 죽은 영웅의 영혼 등을 일컫는 말이다. 소크라테스에게
'다이몬의 소리'는 '내면의 양심의 목소리'를 뜻한 것으로 보인다.

핵심 읽기 :

• 소크라테스는 63세 때인 기원전 406년 500인 시의
회의 의원으로서 봉사했던 것을 제외하고는 평생
공직에 종사하지 않았다. 정의의 편에 서서 나랏일
을 처리했다가는 목숨마저 위험해질 수 있고, 사람
들을 위해 도움이 되는 일을 할 수 없을 것이라는
내면의 초자연적이고 신적인 목소리(다이몬)에 따
른 것이었다.

• 소크라테스는 정의의 편에 서서 나랏일을 처리하다
목숨을 잃을 뻔했던 두 번의 경험을 들어 자신의
주장을 펴고 있다.

• 기원전 406년 아르기누사이 재판에서 재판부는 난
파한 배에서 병사를 구하지 않았다는 이유로 지휘
관 10명을 한꺼번에 재판해 유죄 판결을 내렸다.
하지만 시의원이었던 소크라테스는 아테네의 법에
따라 한 명씩 재판을 해야 한다며 재판 절차가 불
법이라고 주장했다. 그러자 한꺼번에 재판에 넘겨
유죄 판결을 끌어냈던 사람들이 그를 체포해 연행

하려 했지만, 소크라테스는 투옥이나 죽음의 위험
을 무릅쓰고 법과 정의의 편에 섰다.

- 또한 참주 정부가 살라미스 출신의 레온을 부당하
게 처형하려 할 때에도 소크라테스는 죽음을 무릅
쓰고 다른 사람들과 달리 그들의 공범이 되는 것을
거부하였다. 참주 정부가 바로 무너지지 않았다면
그는 목숨을 잃었을 것이라고 회고했다.

- 소크라테스는 내면의 목소리에 따라 공직에 나서는
것을 삼가고 개별적인 교류를 통해 시민들을 교화
시키는 것을 자신의 업으로 삼았다. 그리고 자신은
공적으로나 사적으로나 평생 불의에 굴복하지 않고
정의를 옹호하는 한결같은 삶을 살았다고 주장했
다.

- 소크라테스가 공직에 나가지 않았던 것은, 당시 아테네가 정의의 편에 서서 나랏일을 처리했다가는 목숨마저 위험해지는 정의롭지 못한 사회였기 때문이다.

- 공직에 나가 사회 정의를 위해 나랏일을 하는 것은 영광스러운 일이다. 하지만 공직에 나가 정의의 편에 서서 나랏일을 하는 것이 거의 불가능한 사회도 있다. 일제강점기 식민지 사회는 당시 아테네처럼 정의롭지 못한 사회였다. 그래서 당시에 수많은 애국지사들은 일제의 관직에 나가지 않고 독립운동에 나섰던 것이다.

저는 동정을 구할
생각이 없습니다.

자, 여러분, 제 변론은 이 정도면 충분할 것 같습니다. 제가 더 변론을 늘어놓는다고 해도, 아마 엇비슷한 내용을 덧붙이는 결과가 될 테니까요.

여러분 가운데 혹시 자신의 행위를 되돌아보며 불쾌해 하시는 분들이 계실 줄 압니다. 그분들은 이보다 훨씬 보잘것없는 소송 사건의 피고인이었을 때에도 재판관들에게 울고불며 애걸복걸하는 것도 모자라 자식과 친지 그리고 친구들을 들먹여 가며 최대한 동정을 얻으려 했지요.

하지만 저는 설령 제가 매우 위험한 상황에 처한다 하더라도 동정을 구하려고 그런 짓을 할 생각은 없습니다.

자신의 그런 행동을 수치스럽게 생각한 분들은 저에게 불만을 품고 화가 치밀어, 제게 유죄 투표를 하실지도 모르겠습니다.

혹시나 여러분 가운데 그런 마음을 품고 계신 분이 있다면, 물론 그런 분이 있을 거라고 생각하지는 않지만, 그 분에게는 이런 말씀을 드리고 싶습니다.

"여보시오, 제게도 식솔이 몇 명 있습니다. 호메로스* 말마따나 제가 무슨 '나무나 돌에서' 나온 것도 아니고, 저 역시 사람에게서 태어났으니 친척도 있고 자식도 있습니다."

여러분, 제게는 아들이 세 명 있습니다. 그 가운데 한 놈은 이제 청년이 되었지만, 두 녀석은 아직 나

---

*호메로스는 고대 그리스의 시인으로 소크라테스보다 350년 쯤 전에 살았다고 한다. 트로이 전쟁 이야기를 다루고 있는 서사시 《일리아스》와 《오디세이아》의 작자로 알려져 있다.

이가 어리지요.* 하지만 저는 그 녀석들 가운데 어느 하나를 이곳에 데려다 놓고 제게 무죄 판결을 내려 달라고 애걸할 마음은 없습니다.

명망을 얻은 사람이 지켜야 할 자세

그렇다면 저는 왜 그런 일을 하려 들지 않을까요? 그것은 제가 자존심이 강해서도 아니고 여러분을 우습게 여겨서도 아닙니다.

아테네 시민 여러분, 제가 죽음을 두려워하는지 두려워하지 않는지, 이것은 다른 문제이니 일단 젖혀 두기로 합시다. 제가 그런 어리석은 일을 하지 않는 것은 저나 여러분 그리고 나라 전체에 대한 예의

---

*소크라테스에게는 람프로클레스와 소프로니스코스, 메넥세노스라는 세 아들이 있었다. 이들 가운데 첫째 아들만 부인 크산티페가 낳은 자식일 뿐, 나머지 두 아들은 그의 집안일을 거들던 뮈르토라는 가난한 과부 사이에서 얻은 자식이라는 설이 있다.

와 세간의 평판을 고려했기 때문입니다.

아시다시피 저는 늙은이인데다가 어떤 이유에서인지는 모르겠지만 이름이 널리 알려진 사람입니다. 게다가 사람들은 "소크라테스에겐 여느 사람들과 뭔가 다른 구석이 있어."라는 식으로 저에 대해 어떤 확고한 생각을 갖고 있지요.

그러니 여러분 가운데서도 지혜나 용기 또는 덕성 면에서 명망을 얻고 있는 사람이 애걸하는 그런 모습을 보인다면, 그건 수치스러운 노릇일 겁니다.

저는 명성이 자자한 사람들이 막상 재판관들 앞에 서면 매우 기이하게 처신하는 것을 자주 보아 왔습니다. 그들은 죽음이 무슨 끔찍한 일이라도 되는 양, 자신들이 사형을 면하게 되면 마치 영원히 살 것처럼 생각합니다.

저는 그런 사람들이야말로 나라를 욕되게 하는 자들이라고 생각합니다. 이방인들도 아마 이렇게 생각할 것입니다.

"아테네 사람들은 자신들 가운데서 훌륭한 덕성을 지닌 사람들을 뽑아 관직이나 그 밖의 명예로운 자리에 앉혀 놓지만, 그런 사람들도 결국 아녀자들과 다를 게 없구먼."

아테네 시민 여러분, 그러니 이 세상에서 뭔가 한다고 생각하고 있는 우리는 그런 모습을 보여서도 안 되고, 여러분 역시 우리가 그런 일을 하도록 허용해서도 안 됩니다.

오히려 여러분은, 억지 눈물을 짜내며 나라를 웃음거리로 만드는 사람이 태연하게 품위를 지키는 사람보다 훨씬 무거운 벌을 받게 된다는 것을 똑똑히 보여 줘야 합니다.

아테네 시민 여러분, 평판이라는 문제는 접어 두고서라도, 재판관에게 자비를 간청한다거나 설명이나 설득 대신 청탁으로 벌을 면하려는 것은 엄격한 법의 집행이라는 관점에서 비난받아야 마땅하다고 생각합니다.

재판관은 중립적인 자세로 사실 관계를 파악하려고 해야지 편파적으로 판결하라고 그 자리에 앉아 있는 게 아니기 때문입니다. 재판관은 법에 따라 엄격하게 자신의 직분을 수행해야 합니다. 제멋대로 호의를 베풀라고 서약을 한 것은 아닐 테니까요.

따라서 우리는 여러분이 서약을 깨는 행위에 길들지 않도록 해야 하며, 또한 여러분도 그런 일에 길드는 일이 없어야 합니다. 두 가지 모두 신을 믿지 않는 행위일 테니까요.

아테네 시민 여러분, 그러니 제게 존경받지도 못

하고 옳지도 않으며 경건하지도 않은 행동을 하라고 요구하지 마십시오. 더욱이 저는 신을 부정한다는 이유로 여기 있는 멜레토스에게 고발당한 사람이지 않습니까.

만약 제가 서약을 하신 여러분에게 달콤한 언사나 간청으로 제 편을 들어 달라고 요구한다면, 저는 여러분에게 신이 있다는 것을 믿지 말라고 가르치는 셈이 될 것이며, 제 스스로 신을 믿지 않는다는 죄를 뒤집어쓰는 꼴이 될 테니까요.

하지만 그런 일은 없을 겁니다. 왜냐하면, 아테네 시민 여러분, 신에 대한 저의 믿음은 여러분보다 훨씬 강하기 때문이지요. 그러니 저나 여러분을 위해서라도 가장 좋은 결과가 될 수 있도록 여러분과 신에게 저에 대한 모든 것을 맡기고자 합니다.

재판관들 앞에서 변론하는 소크라테스.

고대 그리스의 법정에는 변호사 제도가 없었고, 오로지 피고가 스스로 자신을
변호해야 했다. 재판관도 시민 중에서 뽑힌 수백 명으로 구성되어, 이들이
고소인과 피고인의 변론을 듣고 죄의 유무와 형량을 투표로써 결정했다.

- 사람들은 피고인이 되었을 때 재판관에게 최대한 동정을 얻으려 하지만 소크라테스는 그럴 마음이 없었다. 자신도 자식들이 있지만 그들을 앞세워 무죄 판결을 내려 달라고 애걸할 마음은 없었다.

- 소크라테스는 지혜나 용기 또는 덕성 면에서 명망을 얻고 있는 사람이 재판관에게 동정을 구하고 목숨을 살려 달라고 애걸하는 것은 어리석고 수치스런 일이며 아테네를 욕되게 하는 것이라고 생각했다. 더구나 재판관에게 자비를 간청하여 벌을 면하려는 것은 법의 집행이란 관점에서도 비난받아야 마땅한 일이었다. 재판관은 중립적인 자세로 사실 관계를 파악하려 해야 하고, 공정하고 엄격하게 법을 적용하는 것이 직분이기 때문이다.

- 소크라테스는 서약을 한 재판관에게 달콤한 언사로 자기 편을 들어 달라고 하는 것은 신이 있다는 것을 믿지 말라는 것이고, 스스로 신을 믿지 않는다는 죄를 인정하는 것과 다름없다고 했다.

- 소크라테스는 재판관에게 동정과 자비를 간청하지 않았다. 오직 진실만을 말하며 자신의 무죄를 당당하게 변론했다. 재판관에게 진실을 파악해 공정하게 판결할 것을 요청했다. 그는 진실의 힘과 정의를 믿고, 자신의 명예를 존중하는 사람이었다.

- 재판을 받는 사람들 중에는 재판과 상관없는 이런저런 이유를 들어 자신의 잘못을 변명하고 재판관에게 비굴하게 동정과 자비를 호소하는 경우가 많다. 하지만 재판은 객관적 진실에 대해, 재판관의 동정심이 아닌 법에 의해 공정하게 잘잘못을 가리는 것이다. 그럴 때에만 '법은 만인에게 평등하다.'는 법의 공정성과 정의가 유지될 수 있다.

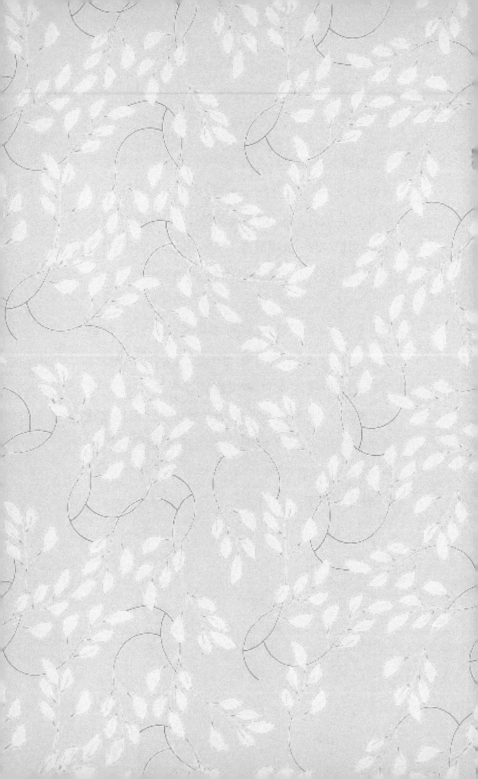

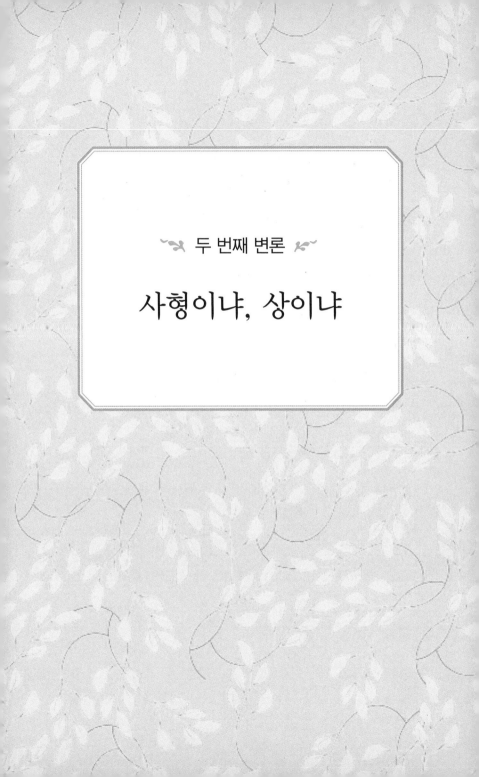

두 번째 변론

사형이냐, 상이냐

표 차이가 적어
놀랐습니다.

아테네 시민 여러분, 여러분은 제게 유죄 판결을 내렸습니다.[*] 그러나 저는 노여워하지 않습니다. 그 이유는 여러 가지가 있겠지만, 무엇보다 그런 판결을 어느 정도 예상했기 때문입니다.

아니, 제가 놀란 것은 오히려 양쪽 편에서 행사한 투표의 결과였습니다. 왜냐하면 저는 표 차이가 그렇게 적을 줄은 미처 생각하지 못했기 때문입니다. 저는 그보다 훨씬 더 표 차이가 클 것으로 예상했습니다. 만약 30표 정도만 반대편으로 갔더라면, 저는 무죄가 되었겠지요.

＊ 재판관 501명이 참여한 투표 결과는 유죄 281표, 무죄 220표로 소크라테스는 유죄를 선고받았다.

• 고대 그리스에서 재판은 일반적으로 고소를 제기한 고소인의 고소장 낭독으로 시작해, 고소를 당한 피고인의 변론과 증인들의 증언으로 이어진다. 양측의 변론과 증언을 들은 재판관(혹은 배심원)들은 먼저 투표로 죄의 유무를 정한다.

이때 유죄가 선고되면, 고소인의 형량 제안과 함께 피고인으로부터 자신의 형량을 제안하는 두 번째 변론을 듣고, 재판관들은 형량 결정을 위한 두 번째 투표를 한다.

형량이 확정되면 피고인은 세 번째 변론인 최후 변론을 한다.

• 재판관의 수는 공적 소송인 경우 501명이 일반적이었지만, 사안의 중요성에 따라 1,001명에서 수천 명에 이르는 재판관이 선정될 때도 있었다.

• 소크라테스의 재판에는 501명의 재판관이 참여하여 투표한 결과 유죄 281표, 무죄 220표로 소크라테스에게 유죄를 선고했다. 소크라테스는 표 차이

가 61표밖에 나지 않은 것에 대해 놀랐다.

· 유죄가 선고된 후 소크라테스는 자신의 형량으로
무엇이 적절한지에 대한 두 번째 변론을 했다.

- 고대 그리스에서는 법관이 따로 없고 시민 가운데에서 선정된 수백 명의 재판관이 배심원의 역할과 판사의 역할을 함께 수행했다. 그리고 오늘날과 같은 변호사 제도가 없었기 때문에 소크라테스는 본인이 직접 변론을 해야 했다.

- 오늘날 대부분 나라에서는 법관인 판사가 고소를 당한 피고인이 유죄이냐 무죄이냐를 판결하고 형량을 결정한다. 그리고 법률 전문가인 변호사가 피고인의 대리인으로 나서 변론을 할 수 있다. 한편 미국 등에서처럼 유죄·무죄의 판결은 시민들 가운데에서 선정한 배심원들이 하고, 판사는 재판의 진행을 책임지면서 배심원의 판결에 따라 형량을 결정하는 역할을 수행하는 경우도 있다.

사형이 아니라
상을 받아야 마땅합니다.

멜레토스는 제게 사형을 요구하고 있습니다. 좋습니다. 그렇다면, 아테네 시민 여러분, 저는 어떤 반대 제안을 해야 할까요? 분명코 제가 받아 마땅한 형벌을 제안해야 하겠죠. 그것이 뭐냐고요?

저는 평생 조용히 지내는 일이 없었습니다. 그렇다고 해서 다른 사람들처럼 돈 버는 일이나 생계를 꾸리는 일에 신경을 쓴 것도 아니었습니다. 또한, 군대를 통솔하거나 시민들 앞에서 연설한 적도 관직을 맡은 적도 없었으며, 그 어떤 파벌이나 당파에 속한 적도 없었습니다.

공적인 생활을 하다 보면 따르기 마련인 이러한

일들을 수행하기에는 제가 너무 선량하고, 또 그런 일을 했다가는 자칫 제 목숨도 부지하기 힘들 것으로 생각했기 때문입니다.

다시 말해, 저는 여러분이나 저 자신에게 도움이 될 것 같지 않은 일에는 일절 관심을 두지 않고 지금까지 살아왔습니다. 이런 제게 어울리는 형벌이나 벌금은 어떤 것일까요?

공적에 대한 합당한 대접

저는 여느 사람들과는 다르게 세상을 살아보겠다는 생각을 가졌습니다. 즉 모든 사람을 일일이 만나 그들에게 제가 가장 큰 선행이라고 생각하는 것을 얘기해 주기로 한 것이지요.

이런 이유에서 저는 여러분 모두에게 자신의 이익이나 재산에 눈이 멀어 부당한 일을 저지르기보다는, 자기 자신에게 눈을 돌려 도덕적이고 사려 깊은 사람이 될 수 있도록 최대한 힘써 달라고 꾸준히 설득해 온 것입니다.

그리고 자잘한 나랏일보다는 나라 자체에 대해 신경을 써 달라고 당부했으며, 그 밖의 모든 일에 대해서도 같은 마음가짐을 가져 달라고 부탁했습니다. 그렇다면 이런 일을 해 온 제가 마땅히 받아야 할 것은 무엇일까요?

아테네 시민 여러분, 그런 제안이 저의 공적에 따르는 것이라야 한다면, 제가 받아야 할 것은 형벌이 아니라 뭔가 좋은 것이라야 합니다. 그것도 저에게 어울릴만한 좋은 것이어야 합니다.

그렇다면 가난한 사람에게, 국가를 위해 선행을 베푸는 사람에게, 여러분을 일깨우고 타이르는 것을 업으로 삼기 위해서 여유가 있어야 하는 사람에게 어울리는 것은 무엇일까요?

아테네 시민 여러분, 이런 사람에게는 시 청사의
영빈관에서 음식 대접을 받는 것보다 더 합당한 것
은 없다고 생각합니다.*

그것은 여러분 가운데 누군가가 올림피아 경기에
서 두 마리 혹은 네 마리 말이 끄는 마차 경기에서
우승했을 때 받는 대접보다 훨씬 더 적절할 것입니
다.** 왜냐하면 그런 사람은 여러분에게 얼핏 그럴싸
해 보이는 기쁨을 제공해 주지만, 저는 진정한 행복

---

* 고대 그리스 폴리스의 영빈관은 국가에 큰 공을 세운 사람이
나 전몰자의 유가족, 올림피아 경기의 우승자 등을 초청해
연회를 베풀던 장소다.

** 고대 그리스에서 올림피아 경기는 기원전 776년부터 제우스
신을 기리기 위해 4년마다 여름에 5일간 열렸다. 출전 자격
은 폴리스의 시민권을 갖고 있는 남성들에게만 주어졌다. 처
음에는 단거리 경주만 있었으나, 점차 5종 경기(원반던지기,
멀리뛰기, 창던지기, 달리기, 레슬링)와 권투 그리고 마차 경기
로 확대되었다. 우승자들은 각자의 고향에서 최고의 영웅으
로 대접받았다.

감을 느끼게 해 줍니다. 또한 그에게는 음식 대접이 필요 없을지 몰라도, 저에게는 그것이 필요하기 때문입니다.

따라서 제가 정당하게 받아 마땅한 것을 요구할 수 있다면, 그것은 바로 시 청사의 영빈관에서 제공하는 푸짐한 음식입니다.

무죄에 대한 확신

이런 제 말을 듣고 여러분은, 아까 동정심을 유발하려 한다든가 선처를 애걸하려는 사람들에 대해 제가 얘기했을 때와 비슷하게 건방지다는 인상을 받으셨을 겁니다. 하지만 전혀 그렇지 않습니다.

다음과 같은 사정이 있기 때문이지요.

저는 그 누구에게도 결코 의도적으로 그릇된 짓을 저지르지 않았다고 확신합니다. 물론 저는 여러분께 제 마음을 확신시키지는 못했습니다. 서로 충분한 얘기를 나누기에는 시간이 너무 짧았기 때문입니다. 제 생각에 다른 나라에서처럼 사형에 대한 결정이 하루가 아니라 며칠에 걸쳐서 이루어졌다면, 여러분도 아마 제 마음을 이해하셨을 것입니다.* 하지만 이렇게 짧은 시간에 그토록 악의적인 모략에서 완전히 벗어나기란 그리 쉬운 일이 아닙니다.

아무튼 저는 아무에게도 그릇된 행동을 하지 않았다는 것을 확신하며, 이런 제 생각은 결코 틀리지 않을 것입니다. 따라서 제 스스로 어떤 형벌을 받아야 마땅하다고 주장하거나, 저 자신을 고소하는 일은 결코 없을 것입니다. 제가 무엇이 두려워서 그런 일을 해야 한단 말입니까?

---

* 당시 아테네에서는 모든 재판이 단 하루 만에 치러지는 것이 원칙이었다.

• 고대 그리스에서는 법으로 형량이 정해져 있지 않았기 때문에, 재판관들이 고소인(원고)의 제안과 피고인의 제안을 들은 후 형량을 결정했다.

• 유죄가 확정된 후 고소인 중 한 명인 멜레토스는 소크라테스의 형량으로 사형을 요구했다.

• 반면에 소크라테스는, 자신이 시민들에게 부당한 일을 저지르지 말고 도덕적이고 사려 깊은 사람이 되라고 설득하는 등 평생 아테네를 위해 선행을 베푼 사람이라고 했다. 이런 공적에 대해서는 형벌이 아니라 상(賞)이 있어야 한다고 주장했다.

• 올림피아 경기의 우승자들이 폴리스의 시 청사 영빈관에서 푸짐한 음식을 대접받았던 것처럼 소크라테스 자신도 그런 대접을 받아야 마땅하다고 했다.

• 소크라테스는 이런 자신의 주장에 대해 재판관들이 건방지다고 생각할지 모르지만, 자신은 고소를 당

할 일을 행한 일이 없으며 무죄를 확신한다고 당당하게 주장했다. 단지 자신의 무죄를 확신시키기에는 하루뿐인 재판 시간이 너무 짧다며 아쉬워했다.

더 생각해 보기

• 소크라테스는 평생 아테네를 위해 선행을 베풀어 왔지만 악의적 모략을 받아 재판정에 서고 형벌을 받게 되었다. 하지만 그는 끝까지 자신의 무죄를 당당하게 주장했다.

• 자신이 일하거나 생활하는 곳의 내부 비리나 부정 등을 알리는 것을 내부 고발이라고 한다. 그런데 사회 정의를 위해 꼭 필요한 내부 고발이 용기를 내야 하는 일이 되고 있다. 내부 비리나 부정 등을 바로잡으려 하지 않고, 오히려 동료들을 힘들게 하는 사람이라고 내부 고발인을 비난하거나 왕따를 시키고 때로는 벌을 주는 일도 있기 때문이다.

침묵은 신의 말씀을
거역하는 일입니다.

그렇다면 제가 나라 밖으로 추방해 달라는 제안
을 해야 할까요? 아마도 여러분은 그런 제안에 동의
하실지도 모르겠습니다. 하지만 그렇게 된다면 저는
목숨에 대한 애착이 강한 사람이 되고 말 테지요.

아테네 시민 여러분, 저와 같은 시민인 여러분도
저의 행실이나 말을 견뎌 내기 어려워했습니다. 제
언행을 성가시고 짜증이 난다고 생각했던 여러분이
그런 상황에서 벗어나려고 애를 쓸진대, 외국 사람
들이라고 해서 그것을 쉽게 받아들이겠습니까?

아테네 시민 여러분, 저 같은 늙은이에게는 다른

나라로 추방되어 이 도시 저 도시 돌아다니며 생활하는 것도 그다지 나쁜 일은 아닐 것입니다. 이곳에서와 같이 제가 가는 곳마다 저의 얘기를 들으려고 몰려들 젊은이들이 있을 테니까요.

그런데 만약 제가 그런 젊은이들을 받아들이지 않는다면, 그들은 나이 든 사람들에게 도움을 청해 저를 쫓아내려 할 것입니다. 그렇지만 반대로 제가 그들을 받아들인다면, 이번에는 그들의 부모나 가족들이 젊은이들을 위해 마찬가지로 저를 쫓아내려 들 것입니다.

그렇다면 이렇게 얘기하려는 분이 있을지도 모르겠습니다.

"소크라테스, 다른 나라에 가서 잠자코 조용히 살 수는 없겠소?"

바로 이것이 여러분을 이해시키기에 가장 어려운

점입니다. 왜냐하면 저에게는 침묵하고 사는 것이야말로 신의 말씀을 거역하는 일이라서 잠자코 지낼 수 없다고 얘기한다면, 여러분은 저를 하찮은 농담이나 늘어놓은 사람으로 여길 것이기 때문입니다.

그렇다고 제가 인간의 가장 큰 행복은 매일 덕에 관해 얘기를 나누고, 그 밖의 문제들에 대해서도 저나 상대방이나 검토자와 연구자로서 서로 대화를 주고받는 것이라고 하고, 또 그러한 문제들에 대해 검토하고 연구하지 않는 삶은 살 가치가 없다고 말하면, 여러분은 그런 제 얘기를 더욱 믿으려 들지 않을 것입니다.

아테네 시민 여러분, 사정이 이렇습니다. 여러분을 믿게 하는 것은 결코 쉬운 일이 아닙니다. 게다가 저는 스스로 자신에게 그 어떤 나쁜 일을 요구하는 일에 익숙하지 않습니다.

벌금형에 대한 제안

만약 제가 돈이 있다면, 제가 지불할 수 있을 정도의 벌금을 제시했을지도 모릅니다. 제게 해가 될 건 없으니까요.

하지만 제게는 돈이 없습니다. 혹시나 여러분께서 제가 낼 수 있을 만큼의 적은 액수를 벌금으로 요구하신다면 모르겠지만. 아마도 은화 1므나* 라면 낼 수 있을 것입니다. 따라서 딱 그만큼의 벌금을 제안하고자 합니다.

아테네 시민 여러분, 여기 있는 플라톤**, 크리톤***, 크리토불로스 그리고 아폴로도로스는 제게 30므나를 제안하라고 권유하면서, 자신들이 보증인이 되어

---

* 은화 1므나는 100드라크마로, 1드라크마는 당시 노동자의 하루 일당이었다.
** 플라톤은 소크라테스의 충실한 제자로 그의 행적을 기록해 놓은 대화편인 《소크라테스의 변명》, 《크리톤》, 《파이돈》 등을 썼다.

주겠다고 하더군요. 그러니 그 정도의 액수를 벌금으로 제안하겠습니다. 이 사람들은 여러분에게 그 금액에 대한 믿을만한 보증인이 되어 줄 것입니다.

*** 크리톤은 소크라테스와 엇비슷한 나이로 그의 절친한 친구이며, 그의 임종을 지킨 사람들 가운데 한 명이다. 대화편 《크리톤》에는 크리톤이 사형 위기에 처한 소크라테스에게 탈옥을 권하는 장면이 묘사되어 있다.

거리에서 제자들과 대화하는 소크라테스.

소크라테스는 사람들과 대화를 나누며 스스로 깨달음을 얻게
했다. 그래서 늘 길거리나 시장 등에서 사람들과 얘기하기를
즐겼고, 많은 제자들이 그를 따랐다.

- 소크라테스는 자신이 나라 밖으로 추방해 달라고 제안한다면 재판관들이 받아들일지 모르지만, 다른 나라에서의 추방 생활도 아테네에서와 별반 달라지지 않을 것이라고 했다. 그곳에서도 젊은이들에게 쉬지 않고 이야기를 할 것이고, 그러면 또다시 그 나라에서도 추방되는 생활을 반복하게 될 것이기 때문이다.

- 만약 다른 나라에 가서 추방되지 않기 위해 조용히 살라고 한다면, 시민들을 끊임없이 각성시키는 '귀찮은 존재'가 되라는 신의 말씀을 거역하는 것이기 때문에 소크라테스는 그렇게 할 수는 없다고 했다.

- 소크라테스는 벌금형이라면 처음에 은화 1므나의 벌금은 낼 용의가 있다고 제안했다. 그리고 다시 친구들과 상의한 후 은화 30므나를 벌금으로 낼 용의가 있다고 말했다. 하지만 재판부는 이를 받아들이지 않았다.

- 소크라테스는 어떤 경우에도 불의에 대해 침묵하며 사는 삶은 가치가 없는 것이라고 했다. 그에게 맹목적으로 목숨만을 유지하기 위한 삶은 의미가 없기 때문이다.

- 사람들마다 지향하는 가치가 다를 수 있지만 누구나 가치 있는 삶을 살기를 원한다. 사신의 지위나 가진 것을 지키기 위해서 불의를 보고도 양심을 속이고 타협하거나 침묵하는 사람들도 있다. 하지만 이들은 결코 가치 있고 의미 있는 삶을 사는 것이 아니다. 더불어 행복하게 사는 공동체와 사회 정의를 위해서 노력하는 것만큼 가치 있는 삶은 없기 때문이다.

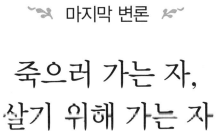

마지막 변론

죽으러 가는 자,
살기 위해 가는 자

차라리 당당하게
죽음을 택하겠습니다.

아테네 시민 여러분, 설사 여러분이 제게 사형 선
고를 내리지 않았다 하더라도 제게 남은 삶이 그리
길지는 않을 것입니다.* 여러분은 그처럼 짧은 시간
때문에 여러분을 비난하는 반대 진영의 사람들로부
터 소크라테스를 죽였다는 오명을 뒤집어쓰고 온갖
비방에 시달리게 될 것입니다.

여러분의 판결에 반대하는 사람들은, 제가 지혜
롭지 않다고 하더라도 여러분을 비방하기 위해 저를

---

* 소크라테스는 유죄 여부를 묻는 투표에서는 61표차(찬성 281
명, 반대 220명)로 유죄가 확정되었는데, 두 번째 변론이 끝나
고 치러진 형량을 결정하는 투표에서는 압도적인 표차(찬성
361명, 반대 140명)로 사형을 선고받았다.

지혜로운 사람이라고 할 테니까요.

여러분께서 조금만 기다려 주셨다면, 여러분의 바람은 저절로 이루어지게 되었을 것입니다. 여러분이 보시다시피, 저는 이미 나이가 많이 들어 죽을 날이 얼마 남지 않은 사람이기 때문입니다.*

물론 제 얘기는 여러분 모두가 아닌, 저에 대해 사형 판결을 내렸던 사람들을 두고 하는 말입니다. 이 사람들에게는 다음과 같은 말을 덧붙이고자 합니다.

여러분, 혹시 여러분은 제가 유죄 판결을 받게 된 이유가 말이 부족한 탓이라고 생각할지도 모르겠습니다. 제가 여러분을 설득시키려고 마음을 먹었다면, 무죄 판결을 끌어내기 위해 무슨 짓이든 무슨 말이든 해야 했는데 그렇지 않았다고 말이지요. 천만의 말씀입니다.

---

* 재판 당시 소크라테스의 나이는 70살이었다.

물론 제가 유죄 판결을 받은 것은 무엇인가 부족해서겠지요. 하지만 부족했던 것은 결코 저의 말주변이 아닙니다. 뻔뻔함과 몰염치 그리고 연설로써 여러분의 비위를 맞춰보려는 의지의 부족입니다. 그러니까 저는 울고불고하면서 애걸복걸하려 들지도 않았고, 다른 사람들에게서 흔히 볼 수 있지만 제게는 어울리지 않는, 말과 행동으로 여러분께 비굴한 모습을 보여 주지 않았기 때문이죠.

저는 굴욕적인 행동을 하면서까지 위험을 회피하려는 생각은 없으며, 지금까지의 제 변론에 대해서도 후회하지 않습니다. 아니, 구차하게 변명을 늘어놓으며 목숨을 구걸하기보다는 차라리 당당하게 죽음을 택하겠습니다.

왜냐하면, 법정에서든 전쟁터에서든, 저에게나 다른 사람들에게나, 무슨 수단을 써서라도 죽음만은 면해 보겠다는 생각은 영예롭지 못하기 때문입니다.

전쟁터에서 무기를 내동댕이치고 적에게 자비를 간청해서 죽음을 면하는 일은 흔히 있습니다. 그리고 위험에 직면했을 때 무슨 짓이든 무슨 말이든 가리지 않고 하려고 든다면, 죽음을 피할 수 있는 방법은 그밖에도 얼마든지 있습니다.

아테네 시민 여러분, 죽음에서 벗어나는 일은 그다지 어렵지 않습니다. 그보다 훨씬 어려운 것은 비열한 행위를 하지 않는 것입니다.

- 형량을 결정하는 투표에서 사형이 확정된 후 소크라테스는 최후 진술에 해당하는 마지막 변론을 하였다.

- 소크라테스는 늙어서 죽을 날이 얼마 남지 않은 자신에게 굳이 사형을 내릴 필요가 없었다고 했다. 그러면서 사형 판결을 내린 사람들에게 '소크라테스를 죽였다.'는 오명을 뒤집어쓰고 비방에 시달리게 될 것이라고 경고했다.

- 소크라테스는 자신이 부족했던 것은 변론 준비가 아니라 뻔뻔함이고, 재판관들의 비위를 맞추려 하지 않은 것이라면서 자신의 변론에 대해 후회하지 않았다.

- 소크라테스는 재판관들의 비위를 맞추거나 그들에게 애원하며 비굴하게 목숨을 구걸하느니 당당하게 죽음을 받아들이겠다고 선언했다.

그가 생각하기에 죽음을 모면하는 것은 그다지 어려운 일이 아니었다. 정녕 어려운 것은 양심을 저버리고 불의와 타협하는 비열한 행위를 피하는 일이었다.

- 소크라테스는 재판관들에게 비굴하게 목숨을 구걸하지 않고 당당하게 죽음을 받아들였다. 목숨을 지키려고 불의와 타협하기보다는 양심을 지키고자 하였다.

- 3.1운동에 참여했던 유관순 열사는 '너희들은 우리를 재판일 ㄱ 어떤 권리노 병분노 없나.'며 릴세의 재판을 거부하였다. 그리고 옥중에서 만세 운동을 멈추지 않다가 일제의 고문으로 목숨을 잃었다. 불의와 타협하지 않고 민족의 양심을 지키다 목숨을 잃은 것이다.

유죄 판결자들은
무거운 형벌을 받을 것입니다.

이제 저는 미래로 눈을 돌려 제게 유죄 판결을 내리신 분들께 예언을 하고자 합니다. 저는 지금 예언을 가장 잘 할 수 있다는 때인 죽음의 문턱 앞에 서 있기 때문입니다.

제게 사형 판결을 내리신 여러분, 제우스께 맹세컨대, 제가 죽고 나서 얼마 지나지 않아 여러분은 제게 내린 사형 판결보다 훨씬 더 무거운 형벌을 받게 될 것입니다.

여러분은 당장 자신들의 책임을 회피하려는 생각에서 그런 일을 저질렀겠지만, 여러분에게는 정반대의 결과가 기다리고 있을 것이기 때문입니다.

여러분에게 책임을 묻는 사람들이 점점 더 많아질 것입니다. 제가 지금까지 그 사람들의 마음을 진정시켜왔다는 것을 여러분은 아마 눈치채지 못했을 것입니다. 젊으면 젊을수록 더욱 과격한 모습을 보이는지라, 여러분은 앞으로 더욱 큰 화를 입게 될 것입니다.

여러분이 사람을 죽여 놓고도 사신들의 남은 삶이 순탄하리라고 생각하신다면, 그것은 오산입니다. 그런 죄책감에서 벗어나는 것은 쉽지도 않을뿐더러 그리 자랑스러운 일도 아닙니다. 오히려 가장 훌륭하고 손쉬운 일은, 남을 해치려 들지 말고 자신의 덕을 함양시키기 위해 힘쓰는 것입니다.

제게 사형 판결을 내리신 분들께 드리는 저의 예언은 이 정도로 마치고, 이제 그만 여러분과 작별을 고하겠습니다.

- 소크라테스는 사형 판결을 내린 사람들에게, 얼마 지나지 않아 사형 판결보다도 더 무거운 형벌을 받게 될 것이라고 예언했다.

- 소크라테스는 유죄 판결을 내린 이들이 당장의 책임을 회피하기 위해 재판관의 본분을 저버렸다고 질책했다. 앞으로 그들에게 책임을 묻는 사람들이 많아질 것이라고 예언했다.

- 소크라테스는 사람을 죽여 놓고도 자신들의 남은 삶이 순탄할 것이라고 믿는다면 큰 오산이라고 말했다. 그러면서 그들에게 덕을 함양하는 것이야말로 죄책감에서 벗어나기 위한 유일한 방법임을 강조했다.

더 생각해 보기

• 소크라테스는 유죄 판결을 내린 사람들에게, 사람을 죽여서 자신의 그릇된 삶을 비난하는 것을 막을 수 있을 것이라고 믿는다면 큰 오산이라고 했다.

• 개과천선(改過遷善)이란 옛말이 있다. 지난날의 잘못이나 허물에 대해 변명하거나 남 탓을 하지 말고 잘못한 짓을 고쳐서 바르고 착하게 되라는 말이다. 마찬가지로 소크라테스도 죄책감에서 벗어나기 위해서는 남을 해치려 하지 말고 자신의 덕을 쌓는 데 힘쓰라고 말했다.

무죄 판결자 여러분이
진정한 재판관입니다.

　이 사건을 담당하는 분들께서 처리해야 할 일이
남아 있고, 제게도 형장에 갈 때까지 약간의 시간이
남아있고 하니, 저에게 무죄 판결을 내리신 분들께
몇 마디 얘기하고자 합니다.

　여러분, 잠시만 제 곁에 있어 주시기 바랍니다. 시
간이 허락되는 동안만이라도 서로 얘기를 나누는 것
이 큰 문제는 안 되겠지요. 저는 친구인 여러분께 오
늘 제게 일어난 일이 어떤 의미인지 설명하려 합니
다.

　재판관 여러분*, 여러분들이야말로 진정한 의미에
서 재판관이라고 불릴 자격이 있는 분들입니다.

제게 아주 이상한 일이 일어났습니다. 제가 평소에 듣던 예언적이고 신령스러운 목소리가 최근 들어 더욱 생생하게 들려왔습니다. 하찮은 경우라 하더라도 제가 부정한 짓을 할라치면 경고하는 목소리였습니다.

하지만 지금 제가 처해 있는 상황은 여러분 스스로 보시다시피 불행 중에서도 가상 큰 불행일시 모릅니다. 흔히 사람들이 생각하듯 말입니다. 그런데 오늘은 그 신령스러운 목소리가, 제가 아침에 집을 나섰을 때나 이곳 법정에 들어설 때, 그리고 변론 중에 무엇을 얘기하려 할 때에도 전혀 들리지 않았습니다. 전에는 제가 무슨 얘기를 할라치면 곧잘 들리곤 했는데 말이지요. 그런데 오늘은 재판이 진행되

---

* 소크라테스는 처음에는 재판관을 인정하고 싶지 않은 마음에서 '재판관 여러분'이라는 표현을 꺼려했다. 그런데 나중에야 비로소 자신에게 무죄 판결을 내린 사람들에게 진정한 마음을 담아 '재판관'이라 불렀다.

는 동안 단 한 차례도 제 행동이나 말을 가로막지 않았습니다.

그렇다면 저는 그 이유가 무엇이라고 생각해야 할까요?

여러분께 제 생각을 말씀드리겠습니다. 아무리 생각해 봐도 이번 사건은 저에게 좋은 일인 것 같습니다. 우리는 죽음을 나쁜 일이라고 생각하는데, 그것은 옳지 않습니다.

이런 제 주장에 대한 확실한 근거가 있습니다. 오늘 제가 한 일이 좋은 것이 아니었다고 한다면, 늘 있어왔던 경고의 목소리가 들리지 않았을 리가 없기 때문이죠.

죽음에 대한 생각

다음과 같은 점에서도 죽음은 좋은 일이라는 것이 분명해집니다.

죽음이란 둘 중에 하나입니다. 죽음은 일종의 무(없음)를 의미하는 것이기 때문에, 죽은 사람은 그 어떤 것에 대해서도 아무런 감각을 갖지 못하는 것이거나, 아니면 전해 내려오는 얘기처럼 영혼이 여기에서 저기로 자리를 옮겨 가는 일일 것입니다.

여하튼 아무런 삼각도 없고 꿈조사 수지 뜻할 싱도로 깊이 빠져 버린 잠이라는 첫 번째 경우라면, 죽음은 엄청난 이득이 아닐 수 없습니다.

왜냐하면 누군가 꿈도 꾸지 못할 정도로 깊은 잠에 빠졌던 하룻밤을 골라서 자기가 여태껏 보내왔던 다른 낮과 밤을 비교해 본다면, 그의 생애에서 그 하룻밤보다 더 행복했던 낮이나 밤이 과연 몇 번이나 있었을까요? 보통 사람들은 말할 것도 없고 제아무리 페르시아의 대왕이라 할지라도 그런 밤은 기껏해야 손꼽을 정도밖에 되지 않을 것입니다.

그러니 죽음이 만약 이런 것이라면, 저는 그것을 이득이라고 하겠습니다. 나머지 모든 시간을 다 합한다 하더라도 단 하룻밤보다 더 긴 것은 아닐 테니까요.

또한, 죽음을 이곳에서 저곳으로 옮겨가는 것이라면, 즉 사람들이 얘기하듯 죽은 사람들은 모두 저승에 머무르는 것이 옳다고 한다면, 재판관 여러분, 이보다 더 좋은 일이 또 어디 있겠습니까? 이승에서 재판관이라고 불리는 사람들에게서 벗어나 저승에서 진정한 재판관을 만날 수 있으니까요.

하지만 무엇보다 가장 큰 즐거움은 이 세상 사람들에게 그랬듯이 저승에 있는 사람에게도 그들 중 누가 지혜로운지, 또 누가 지혜로운 척하지만 사실은 그렇지 않은지 묻고 따져 보는 일일 겁니다.

재판관 여러분, 대군을 이끌고 트로이 전쟁*에 나섰던 지휘관이라든가 오디세우스**라든가 시지푸스***라든가 그 밖의 수많은 남성과 여성들의 이름을 들 수 있겠지만, 그런 사람들을 만나 대화를 나눠볼 수만 있다면 그 무엇을 준다 한들 아깝겠습니까? 저

---

* 트로이 전쟁은 기원전 13세기 또는 12세기에 그리스와 트로이(터키 북서쪽 에게 해 연안에 있었던 고대 도시) 간에 벌어진 전쟁으로 그리스 로마 신화의 뼈대를 이루는 사건이다. 호메로스의 서사시 《일리아스》와 《오디세이아》를 통해 생생하게 선해진다. 전쟁은 오디세우스의 계책(트로이의 목마)으로 그리스의 승리로 끝났다.

** 오디세우스는 그리스 신화의 영웅으로 《오디세이아》의 주인공이다. 그리스의 작은 섬나라 이타카의 왕인 그는 트로이전쟁에서 트로이를 함락시키는 데 결정적인 역할을 했다. 하지만 귀국하는 도중 바다의 신 포세이돈의 아들인 외눈박이 거인 폴리페모스를 장님으로 만들었다는 이유로 신의 노여움을 산 오디세우스는 부하들과 함께 10년간 바다를 떠돌다가 천신만고 끝에 고향 땅을 밟게 된다.

*** 시지푸스는 그리스 신화에 등장하는 코린토스의 왕으로, 신을 속이며 교활한 짓을 일삼은 탓에 죽은 뒤 지옥에 떨어져 커다란 바위를 산꼭대기로 밀어 올리는 형벌을 받았다. 산꼭대기에 오르면 바위가 아래로 굴러 떨어져 처음부터 다시 바위를 밀어 올리는 일을 되풀이해야 했다.

승에서 그들과 얘기하고사귀면서 묻고 따져 보는 일
이 엄청난 행복이 아니면 무엇이겠습니까?

적어도 이거 하나는 분명합니다. 저승에서는 사
람들과 사귀며 대화를 나눴다고 해서 사형에 처하는
일은 결코 없을 거라는 점입니다. 왜냐하면 저 세상
사람들은 다른 점에서도 이 세상 사람들보다 훨씬
행복할 테지만, 사람들 이야기가 맞다면, 그들에게
는 영원히 죽음이란 없을 테니까요.

재판관 여러분, 그러므로 여러분도 즐거운 기대감
으로 죽음을 바라보아야 합니다. 그리고 이것 한 가
지만큼은 확고한 진리로 인정하셔야 합니다. 올바른
사람에게는 살아서나 죽어서나 나쁜 일은 없으며,
또 그런 사람의 일에 대해서는 신들께서 결코 무관
심하지 않다는 점 말입니다.

그렇다면 제게 일어난 일도 단지 운명의 장난은

아닐 것입니다. 오히려 저는 지금 죽어서 이 모든 고
난에서 벗어나는 것이 가장 좋은 것임을 의심하지
않습니다.

그래서 신령스러운 음성이 제게 경고하지 않았던
것이고, 저 역시 제게 사형 판결을 내린 분들이나 저
를 고소했던 사람들에게 무슨 특별한 원한을 품고
있지 않습니다. 물론 그들은 그런 생각으로 저를 고
소하고 제게 사형 판결을 내린 것이 아니라, 제게 해
를 끼칠 의도로 그런 짓을 한 것이니 그 점은 비난을
받아야 마땅합니다.

아들에 대한 부탁

마지막으로 제게 유죄 판결을 내린 재판관 여러분
에게 한 가지 부탁하고자 합니다. 나중에 성인이 된
제 자식들이 덕성을 기르는 일에 힘쓰지 않고, 돈벌
이에 급급하거나 그 밖에 쓸데없는 일에 마음을 빼

앗기거든, 제가 여러분에게 한 것과 똑같이 그 놈들을 괴롭혀 주십시오.

또 그 녀석들이 알지도 못하는 것을 안다고 거들먹거리거든 제가 여러분께 그랬듯이 꾸짖고 나무라 주십시오. 힘써야 할 일에 관심을 기울이지 않고 전혀 가치 없는 일에 마음을 두면서, 마치 자신들이 뭐나 되는 양 설치고 다닌다고 말이지요.

여러분이 그렇게 해 주신다면, 저와 제 자식들은 여러분에게 정당한 대접을 받는 셈이 될 것입니다.

이제 우리가 가야 할 시간이 되었습니다.

저는 죽으러 가고, 여러분은 살기 위해 가는 것이지요. 하지만 우리 가운데 어느 쪽이 더 좋은 운명을 맞이할지는 단지 신밖에는 아무도 모를 것입니다.

독배를 마시기 직전 친지와 제자들에게 마지막 작별을 하는 소크라테스.

고대 아테네의 법은 사형선고를 받으면 24시간 내에 독배를
마셔야 했다. 그런데 소크라테스가 사형 선고를 받았을 때 마침
델로스로 신성한 배를 보내는 기간이어서 모든 형의 집행이
1개월간 중단되었다. 그동안 소크라테스는 친구들, 제자들과
토론을 즐겼고, 친구 크리톤이 탈옥을 권유했지만 거부했다.

• 소크라테스는 사형 판결을 한 사람들에게 무서운
형벌을 받게 될 것이라고 예언한 다음, 자신에게
무죄 판결을 한 사람들에게는 진정한 재판관이라며
고마움을 표현하였다.

• 소크라테스는 재판 내내 죽음을 피하라는 내면의
목소리를 듣지 못했다면서, 죽음을 달게 받아들이
겠다고 하였다.

• 소크라테스는 죽음을 사람들이 흔히 생각하듯 불행
한 일로 보지 않았다. 죽음은 둘 중의 하나인데, 죽
음이 '깨어나지 않는 깊은 잠'이라면 영원한 휴식일
테고, '저승이 죽은 영혼들의 또 다른 세상'이라면
진정한 재판관을 만나 자신의 무죄가 밝혀질 것이
기 때문에 자신에게 좋은 일일 것이라고 했다.

• 소크라테스는 죽은 뒤에 저 세상에서 영웅과 위인
들을 만날 수만 있다면 죽음은 오히려 엄청난 행복
일 것이고, 지금 죽어서 모든 고난에서 벗어날 수

있다면 죽음은 가장 좋은 것임을 의심하지 않았다.

· 소크라테스는 재판관들에게 자신의 세 아들이 덕
성을 기르는 일에 소홀하지 않도록 꾸짖어 줄 것을
당부했다.

· 마지막으로 소크라테스는 '죽으러 가는 자신'과 '살
기 위해 가는 사람들' 가운데 어느 쪽이 더 좋은 운
명을 맞이할지는 단지 신밖에 모를 것이라는 말을
남겼다.

- 소크라테스는 올바른 행위를 '어떤 신적이고 초자연적인 목소리'인 양심을 따르는 행위라고 했다. 그에게 양심은 어떤 상황에서든 부정과 불법을 저지르지 말라는 마음 깊은 곳에서 우러나오는 경고의 목소리였다.

- 오늘날 '양심이 밥 먹여 주나.'라면서 착하게 살려는 사람들을 비아냥대고, 부정을 저질러서라도 자신의 이익만을 챙기려는 풍조가 확산되고 있다. 하지만 양심의 소리에 귀 기울이며 정직하게 사는 사람들이 멸시받는 사회는 건강한 사회가 아니다. 정의가 사라진 그런 사회는 지속될 수 없고 마침내 쇠락의 길을 걸을 수밖에 없다.

해 설

소크라테스 연표

해 설

소크라테스는 공자, 석가모니, 예수와 더불어 세계 4
대 성인이라 불린다. 그는 서양 철학의 창시자 중 한 명
으로 일컬어지는 인물이지만, 정작 그에 대해서 알려진
것은 그리 많지 않다. 옛날의 위대한 사상가들이 흔히
그랬듯, 소크라테스 역시 자신의 책을 남기지 않았기 때
문이다.

따라서 그의 생애와 사상은 《소크라테스의 변명》을
비롯한 플라톤의 초기와 중기의 저술들 가운데 몇 편,
역사가 크세노폰의 《소크라테스에 대한 회상》 그리고
희극작가 아리스토파네스의 〈구름〉과 같은 작품을 통해
서 미루어 짐작할 수밖에 없다.

하지만 소크라테스와 같은 시대를 살며 그를 가까이
서 지켜보았던 이 세 사람도 소크라테스의 모습을 서로

다르게 전하고 있고 또 그의 언행에 대해서 각기 엇갈린 평가를 하고 있어서 소크라테스의 참모습이 어떠했는지, 그리고 그의 진정한 생각이 무엇이었는지는 확실하지 않다.

《소크라테스의 변명》은 오늘날 가장 널리 읽히는 고전(古典) 가운데 하나로 꼽힌다. 철학서치고는 비교적 쉽게 읽을 수 있는 탓에 철학에 관심이 있는 사람에게 제일 먼저 추천하는 책이기도 하다.

소크라테스는 자신의 법정 변론에서 '양심', '정의', '용기', '앎(지식)', '지혜', '인간이 갖춰야 덕', '죽음' 등 여러 가지 철학적인 문제들을 거론하고 있는데, 그 중심에는 '올바른 행위란 무엇일까?'라는 물음이 놓여 있다.

소크라테스는 올바른 행위를 '어떤 신적이고 초자연적 목소리'인 양심을 따르는 행위라고 생각했다. 그에게 양심이란 어떤 상황에서든 부정과 불법을 저지르지 말라는 마음속 깊은 곳에서 우러나오는 경고의 메시지다.

동서고금을 막론하고 부와 명예를 얻기 위해서라면 양심을 저버리고 불의와 적당히 타협하는 것이 대다수 사람의 모습이다. 말은 그럴듯하게 하지만 행동은 전혀 딴판인 사람들, 앞에서는 정의를 외치면서도 뒤로는 자신의 이익을 챙기려고 불의를 서슴지 않는 사람들이 이 세상에 얼마나 많은가? 이런 사람들이 능력 있는 인간으로 인정받는 사회, 양심의 소리에 귀 기울이며 정직하게 살려는 사람들이 멸시받는 사회는 건강한 사회가 아니다.

오늘날 우리는 사회 구성원으로서 갖춰야 할 공동체

정신은커녕 인간이기에 지녀야 할 최소한의 윤리 의식조차 날로 희미해져 가는 암울한 현실과 마주하고 있다. 이런 상황에서 《소크라테스의 변명》이 우리에게 주는 가장 큰 울림은 아마도 당시 아테네의 예에서 알 수 있듯, 개인의 양심을 지켜 주지 못하고 정의를 외면하는 사회는 결국 붕괴의 길로 들어설 수밖에 없다는 사실일 것이다.

양심에 충실한 삶을 살기란 그리 쉬운 일이 아니다. 자신의 신념을 굽히지 않고 양심을 지키기 위해서는 거짓과 불의로 얼룩진 세상에 대해 분노할 줄 알고, 진리와 정의를 위해 싸울 수 있는 용기가 있어야 하기 때문이다. 소크라테스가 위대한 인물로 평가받는 가장 큰 이유도 불의에 굴복하지 않고 자신의 양심에 충실하기 위해 죽음도 마다하지 않았던 용기 있는 모습을 보여 주었기 때문이다.

소크라테스의 죽음은 민주주의의 위험성을 보여 주는 좋은 사례다. 사람들은 흔히 국민이 국가의 주인이라는 단순한 생각에서 민주주의야말로 가장 훌륭하고 완벽한 정치 체제라고 말한다. 하지만 다수결 원칙이 의사 결정의 기본 원리로 작동하는 민주주의가 마냥 좋기만 한 것일까? 우리는 소크라테스를 죽인 사람이 국가(폴리스)의 최고 권력자나 소수 귀족들이 아닌 시민(국민)들이라는 점, 소크라테스의 유죄 판결과 사형 선고는 철저히 다수결 원칙에 따라 결정되었다는 점에 주목해야 한다.

소크라테스, 플라톤, 아리스토텔레스 모두 민주주의를 탐탁하지 않게 여긴 이유도 대중의 어리석은 속성을 정확히 파악하고, 우매한 국민들이 행사하는 권력이 역

사적으로 어떤 결과를 가져왔는지를 똑똑히 보았기 때문이다. 지난 세기 탁월한 선동 능력으로 독일 민족을 광란의 도가니로 몰아넣었던 히틀러 역시 합법적이고 민주적인 방식으로 권력을 거머쥐지 않았던가.

민주주의가 말 그대로 국민이 주인인 세상이 되려면 무엇보다 국민의 의식이 깨어 있어야 한다. 옳고 그름, 선과 악을 정확히 분별할 줄 알고, 개인과 사회의 관계를 제대로 파악할 수 있는 성숙한 공동체 의식이 뒷받침되지 않는다면, 민주주의는 단지 허울일 뿐 중우정치의 수렁에서 헤어날 재간이 없다.

《소크라테스의 변명》이 거짓이 진실을 농락하고 불의가 정의로 둔갑하는 오늘을 사는 우리에게 더욱 진한 감동으로 다가오는 것도 바로 그런 이유에서가 아닐까?

소크라테스 연표

아래의 연도는 문헌들마다 약간의 차이가 있다. 본 연보는 2000년 출판된 독일 데테파우(dtv) 출판사의 인물 전기 시리즈 《소크라테스》에 실린 것을 참고하였다.

처음 읽는 고전 01

소크라테스의 변명

원작 플라톤 번역·해설 조병희

펴낸날 2016년 6월 10일 초판1쇄
펴낸이 김남호 | 펴낸곳 현북스
출판등록일 2010년 11월 11일 | 제313-2010-333호
주소 04071 서울시 마포구 성지길 27, 4층
전화 02-3141-7277 | 팩스 02-3141-7278
홈페이지 www.hyunbooks.co.kr | 카페 cafe.naver.com/hyunbooks
ISBN 979-11-5741-066-8   43160

편집위원 김찬, 이현배 | 편집디자인 나모에디트 김영미 | 마케팅 송유근